今日から使える

行動経済学

スッキリわかる!

人とお金を上手に動かす

著者
山根承子
黒川博文
佐々木周作
高阪勇毅

ナツメ社

はぁ～
どぼ…
どぼ…
オフィス機器販売会社営業職
宮田
上司には怒られ……
同僚や後輩との関係もギクシャク
イヤアァアア
コレで月末までどうやって…
おまけに貯金残高は万年低空飛行！

……どうして何をやってもうまくいかないんだろう？
さっきの会社だってうちに乗り換えたほうが条件はよくなるのに……
僕の説明が悪かったのかな……
――それは人が変化を嫌う「思考の癖《くせ》」をもっているからですよ!!
……
……
宗教の勧誘なら間に合ってますけど……
違います!!

失礼な！

私はただアナタがあまりにも暗い顔して歩いてたので見るに見かねて声をかけただけです！

そ、そりゃどうも……

変なのに捕まっちゃったな～

ときにアナタ……

ドン!!

なぜか**むだづかい**がやめられなかったり**用事を先延ばし**にしてしまうことってないですか⁉

ギクッ!!

そこにもじつは「思考の癖」が関係しているんです
思考の……癖？

人間の思考には
一定の癖
パターンがある
思考の癖
そのパターンを
知っていれば
問題が起きる前に
対策が取れると
いうワケ
つまり
アナタの
失敗も
防げるかも
しれないいん
です!!
マジ
ですか!?
マジです!!
そのために
役立ってくれる
研究分野
その名も……
Behavioral
Economics
「行動経済学」!!
それって確か
少し前に
ノーベル賞を
取った……
セイラー教授の
行動
経済学
入門
そう!
その
行動経済学!

行動経済学とは平たくいうとものを買ったり仕事をしたりという経済活動に
人間の行動の特徴がどう影響しているかを追究する学問なんです
よくわかんないけどなんだかすごそう！
それを知れば僕も一流のビジネスマンになれるでしょうか？
……少なくともヒントにはなると思いますよ
個人のお金や幸せに関する研究結果もありますから
なるほど……
行動経済学かぁ……

あの〜 もしよかったら その行動経済学を 僕に教えてもらえ ないでしょうか？
営業アポが ぜんぜん 取れないので 時間なら腐るほど あるんです！
……それは 胸を張って 言うことでは ないのでは!?
ここで 会ったのも 何かの縁
仕方ない ですね♡
ヤッター!!
……あ
ところで あなたは どこの どちら様 で……？
通りすがりの 行動経済学者
山根承子!!
キラ!
謎の 決めポーズ キタ〜!!

はじめに 「行動経済学」が身近な謎を解く！

自分の研究の話をすると、ビジネスマンの方が興味をもってくださることが増えました。オープンキャンパスで高校生向けに講義をすると、付き添いで来られたご両親のほうが興味津々でたくさん質問をしてくれました。親の友人が、私の研究に興味をもっていたと伝え聞きました。「あれはそういうことだったのか」「それも関係していたのか」「こういうことよくある」、そんな感想をよく言われます。行動経済学は日常に溢れています。普段、職場や家で少し不思議に思っていたあれこれは、実はすでに行動経済学で説明されていたり、おもしろい研究テーマになったりします。

本書では、とくにビジネスの場面で使える内容に焦点を当てながら、行動経済学のエッセンスを解説し、おもしろい研究成果を紹介しています。図をふんだんに使い、行動経済学に初めて触れる人でも容易に理解できるように書きました。

本書の著者はいずれも若手の行動経済学研究者で、自身の専門に寄せて1章ずつ分担して執筆しました。1章と2章は、職場やビジネスに関連する行動経済学で

著者を代表して
ご挨拶させて
もらいます

す。3章と4章は、著者の間では「休日編」と呼ばれています。休日にボランティアをしたり、投資をしたり。そんなときにも行動経済学は関係しています。

この本で紹介したのは行動経済学のごくごく一部です。興味をもたれた方、さらに専門的な知識を求める方は、ぜひ、より詳しい書籍に進んでください。また、学会に参加して、最新の研究に触れるのもよいかもしれません。行動経済学会では最近、一般の方や民間企業の方の参加が増え、多くのすばらしい出会いがありました。

本書を読めば、慣れた職場や家を今までとは違った目で見ることができるはずです。私たち研究者も知らないような事例が、まだまだたくさんあるでしょう。ぜひあなたの手で、日常に潜んでいる行動経済学を見つけ出してください。

最後になりましたが、いつも細やかなチェックをしてくださり、先延ばし行動をしがちな私たちの調整をしてくださった、クリエイティブ・スイートの藪内健史さんと遠藤昭徳さんに深く感謝いたします。本当にありがとうございました。

近畿大学経済学部准教授　**山根承子**

人とお金を上手に動かす
今日から使える行動経済学

1章 職場・チームの行動経済学

執筆 黒川博文

損失の悲しみを利用した やる気の管理 …… 30

現金より経験のほうが 満足が長続きする …… 32

具体的な行動設定で 自分や他人を動かす …… 34

コミットメントで 締め切りを守らせる …… 36

自分の計画性を知る第一歩 時間割引率を計算しよう …… 38

時間非整合性をもつ人は 計画倒れを起こしやすい …… 40

近い未来ほど我慢が嫌で 遠い未来はそうでもない …… 42

夏休みの宿題でわかる あなたの時間整合性 …… 44

自分の時間非整合性に 気づいている人・いない人 …… 46

自制心の弱さに気づいたら 自分を縛るコミットメント …… 48

ボーナス

2章 顧客を動かす 行動経済学

執筆　山根承子

ノーベル経済学賞を取ったカーネマンは何をしたのか …… 78
お金がどんどん増えるすばらしいゲーム …… 80
見込み額を計算して不確実なものを評価する …… 82
お金が無限にもらえるのに誰も参加しない …… 84
行動を見つめ直すための心理学 …… 86
ビールは一口目がめちゃくちゃおいしい！ …… 88
倍倍ゲームに参加しない理由は期待効用にある …… 90
期待効用理論とずれるアレのパラドックス …… 92
さらに現実的なモデルへプロスペクト理論の登場 …… 94
0%ではないことは行動を左右するほど魅力的 …… 96

確実なものが好きすぎて**「ほとんど確実」**は軽視される …… 98

起こる**確率が低い**ことは深く**考えられなくなる** …… 100

「いつでも確実なものが好き」**とは限らない** …… 102

損失回避の性質があるのに偶然得をすると散財する …… 104

過程によって**うれしさが変化** …… 106

よさそうに見えるのは**引き立て役**のおかげ …… 108

見せ方・言い方しだいで**印象**がすっかり変わる …… 110

一度手に入れたものは二度と**手放したくない** …… 112

冷静にほしいか**判断**できるようになったらベテラン …… 114

今が最高!!そんな**気がしてしまう** …… 116

期待効用理論を図で**整理**しよう …… 118

プロスペクト理論のポイントが詰まった**S字** …… 120

コラム ソシャゲのガチャは行動経済学の実例の宝庫 …… 122

3章 自己啓発・社会貢献に使える行動経済学

執筆 佐々木周作

臓器提供の意思表示はデフォルトに左右される……126
自分のために使うより寄付をするほうが幸福に！……128
「多くの人もやっている」でよい方向に行動が変わる……130
社会比較ナッジは税金の滞納を減らし、節電を促す……132
私たちは他人に対してある程度は思いやる……134
「他人の目」を気にして利他的に振る舞う……136
純粋な気持ちで寄付する人・不純な気持ちで寄付する人……138
誰に対しても等しく思いやるわけではない……140
「マッチング」で寄付を促進……142
よくないことにはよくないようにし返す「負の互恵性」……144

自分と他人の違いを気にする人は寄付しやすい …… 146

ほかの人が寄付するなら自分も寄付したくなる …… 148

依頼のプレッシャーから逃れるために寄付する …… 150

金銭をもらってしまうと善意の気持ちが削がれる …… 152

利他的な人は働き方まで利他的 …… 154

いい人材を集めるにはCSRが有効 …… 156

仕返しよりもお返しのほうが経済的な成功を導く …… 158

感情とともに強まる行動経済学的バイアス …… 160

給料日前はバイアスが強くなる …… 162

私たちの好みは一定ではなく移ろうもの …… 164

学校教育で利他性や互恵性を育む …… 166

コラム 社会に根付いてきたクラウドファンディング …… 168

4章 投資に役立つ 行動経済学

執筆 高阪勇毅

行動経済学を投資に活かす 行動ファイナンス …… 172
将来の株価は予想できない …… 174
裁定取引を使えば確実に利益を出すことができる …… 176
過去の記録に惑わされず未来を予想しよう …… 178
人間は直感に頼りがち …… 180
安易な予想はバブルのもと …… 182
市場を極端にする空気の読み合い …… 184
無関係な情報に左右される …… 186
人間の心の癖が株価の動きを左右する …… 188
「気質効果」を克服し損切りする勇気を！ …… 190

プロスペクト理論で見る損切りできない理由 …… 192
投資で失敗する2つの要因 …… 194
損切りできない気質効果で市場はゆっくり変化する …… 196
1月、上半期は上昇し、月曜日は下落する「暦効果」 …… 198
株価と天気の不思議な関係 …… 200
リスク分散のために複数の業種に投資しよう …… 202
貯蓄制度への自動加入で老後資金を獲得 …… 204
確定拠出年金はもっと株式で運用しよう …… 206
ギャンブル好きの目標は遊び続けることにするべき …… 208
投資もギャンブル理性的に行動しよう …… 210
大穴バイアスを使ってギャンブルでもうけよう …… 212
終盤のレースほど本命を狙おう …… 214
コラム 「損は切って、利は伸ばせ」は不変の真理? …… 216
索引 …… 217
参考文献 …… 222

序章 行動経済学って何？

執筆　山根承子

Shoko Yamane

シカゴ大学のリチャード・セイラー教授のノーベル経済学賞受賞などによって、注目が集まっている行動経済学。経済に人の思考の癖がどう影響しているかを追究するというけれど、これまでの経済学とどのような違いがあるのでしょうか。まずは、その違いをざっくり押さえておきましょう。

INTRODUCTION

INTRODUCTION

あなたの選択は「ナッジ」されている

人の意思決定に関する癖を利用

駅やお店などで、足跡マークに沿って並んでしまったことはないでしょうか。そのとおりに並ばなくても怒られることはないはずですが、あなたは足跡マークに「誘導」されたのです。

このように、**選択の自由を残したうえでよりよいものに気づかせる誘導**を「**ナッジ**」と呼びます。ナッジのポイントは、人の意思決定に関する様々な癖を利用し、よりよい選択ができるように手助けするところです。この本では様々なナッジを紹介し、どうしてそれが効果的に働くのかについても明らかにしていきます。

85％汚れを減らしたハエのシール

ナッジは2008年にセイラーとサンスティーンによって提案された考え方です。**Nudgeとは「ヒジで軽くつつく」という意味**ですが、彼らの著書『Nudge』の表紙にある親ゾウと子ゾウの絵が、そのコンセプトをよく表しています（左ページ参照）。アムステルダム・スキポール空港の男子トイレにある**ハエのシール**は有名なナッジの1つです。これは「的があったら狙いたくなる」という人間の心理を利用したもので、トイレの汚れを85％も減少させる効果があったといわれています。

私たちの日常にも役立てられている！

+αのレッスン

放任主義：リバタリアニズム（自由主義）と呼ばれ、完全に自由に選択させるべきだという考え方です。小泉内閣の「小さな政府」は自由主義的な政策です。

● 自由を残しつつ誘導するナッジという選択

“Nudge” (Thaler & Sunstein,2008)の表紙

子ゾウは自由に歩くことができる。しかし親ゾウが後ろから鼻でおおよその方向を「誘導」している。
たとえば、おいしいものがありそうな方向に向かうように誘導したり、危険から遠ざかるように誘導したり。

一方でこのような関係もある……

放任主義

選択の自由を奪ってしまう

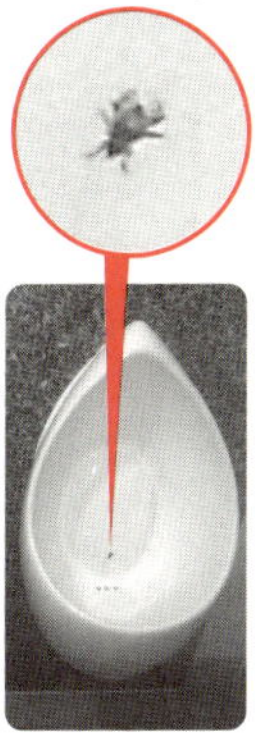

ハエのシール

「的があったら狙いたくなる」という人間の特徴を活かしたトイレの汚れを減らす工夫。

➡日本での取り組み

ナッジは既に、いくつかの国で政策に応用されています。ナッジを政策に応用して効果検証をする部署「ナッジ・ユニット」は2010年にイギリスで初めて発足し、その後アメリカやオーストラリアでも採用されました。日本でも環境省の主導のもと、日本版ナッジ・ユニット(BEST : Behavioral Sciences Team)が2017年4月に設立されました。

+αのレッスン

選択の自由を奪う：パターナリズム(家長主義)と呼ばれ、本人から選択の自由を取り上げます。最低賃金規制や解雇規制など、規制強化はこれにあたります。

INTRODUCTION

これまでの経済学には合理的な人しか登場しない

経済学を拡張した行動経済学

経済学は、複雑な社会現象をできるだけシンプルに捉えようとする学問です。シンプルにするあまり、ちょっと無理があるのでは……という仮定も多いです。そのような仮定をもとにつくられた理論は、実際の私たちの行動と合致しないことがよくあります。

これを現実に合うように修正し、経済学の適用範囲をさらに広くしようとするのが行動経済学です。人間についての研究を重ねてきた心理学の知見を利用して、これまでの経済学を拡張させ、より発展させることを目指しています。

実際の私たちはときに非合理的

経済学が考える仮定のうち最も大きく現実とずれているのは、人間の合理性に関する仮定でしょう。経済学に登場する人間は「**合理的経済人**」と呼ばれています。合理的経済人は**①自分の利益だけを考える②強い自制心をもつ③計算能力や認知能力が非常に高い**――と仮定されています。これは明らかに、実際の私たちの性質とは異なっています。私たちは自分の立てた計画どおりに行動できなくて後悔したり、将来のことを正確に予測できなかったり、一文の得にもならないことをしてしまったりします。

こんな人ほとんどいないのでは?

+αのレッスン **合理的経済人**:「ホモ・エコノミカス」と呼ばれます。これはもちろん、人類の学名であるホモ・サピエンスのもじりです。

● 合理的経済人の特徴

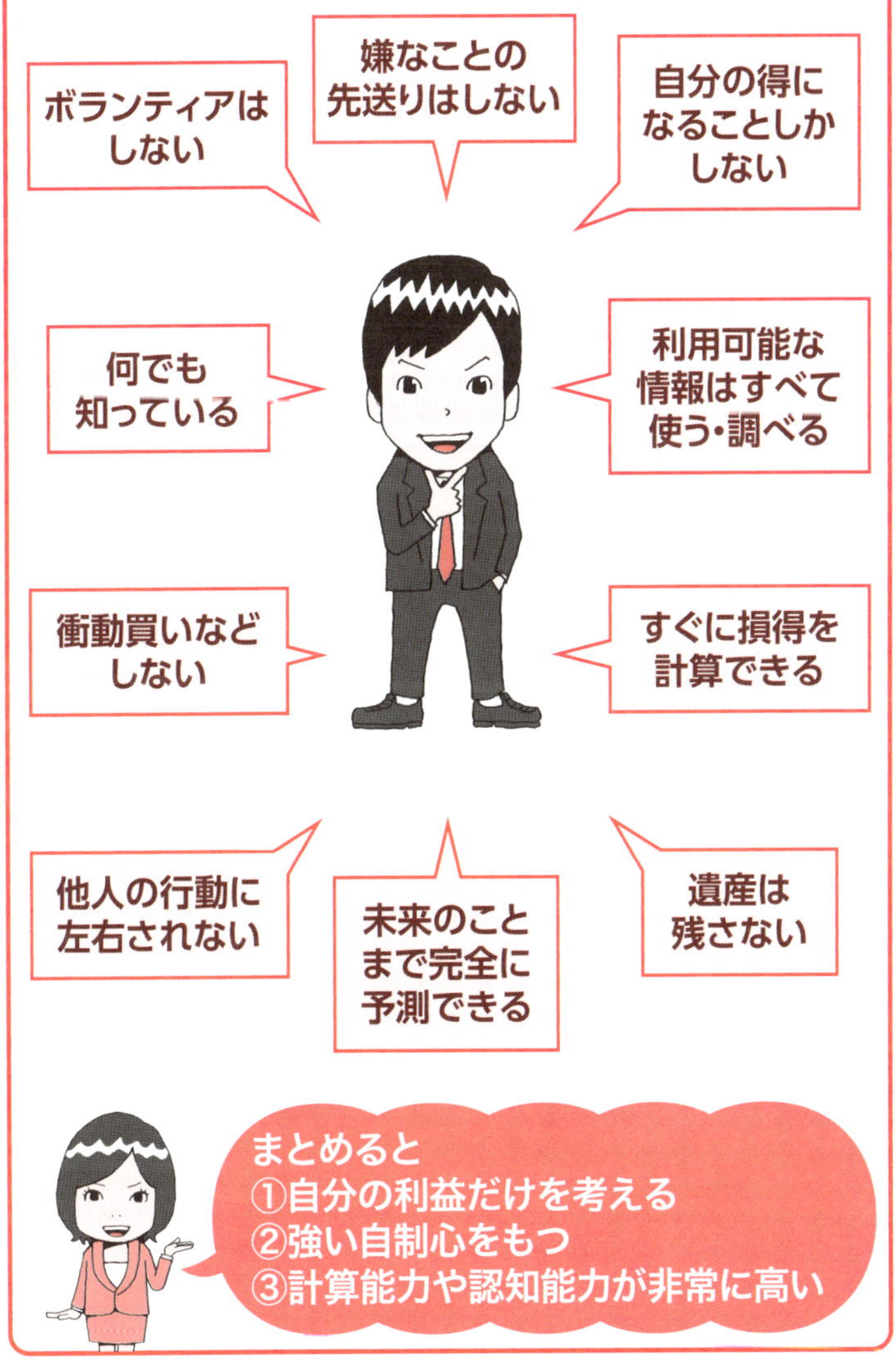
ボランティアはしない
嫌なことの先送りはしない
自分の得になることしかしない
何でも知っている
利用可能な情報はすべて使う・調べる
衝動買いなどしない
すぐに損得を計算できる
他人の行動に左右されない
未来のことまで完全に予測できる
遺産は残さない
まとめると
①自分の利益だけを考える
②強い自制心をもつ
③計算能力や認知能力が非常に高い

＋αのレッスン 「行動経済学で既存の経済学をぶっつぶす」という煽り文句を見ることがありますが、これはウソです。行動経済学は経済学をさらによくしようとするものです。

INTRODUCTION

非合理性をカバーするほどよい介入がベスト

放置せず束縛もしない

人が1人で完璧な選択を行えるのであれば、ナッジしてあげる必要はありません。合理的経済人はナッジされるまでもなく、最もよいものを選ぶことができます。

実際の私たちは非合理的な振る舞いをすることもありますが、自分がよりよくなるための判断をまったく行えないわけではありません。つまり放置されると心細いのですが、完全な束縛《そくばく》を必要とするほどではないのです。**放置しすぎでも束縛しすぎでもないほどよい介入、それがナッジなのです。**

合理性はつくることができる

合理的経済人はまったく存在しないのかというと、そういうわけでもありません。山岸らの研究では、合理的経済人といえる人は446人中31人（約7％）いました。

またフランクたちは、経済学を学ぶと利己的になることを示しています。左のページのような**囚人のジレンマゲーム**を行うと、経済学部生は、ほかの学部の学生に比べて「裏切り」を選択することが多くなっていました。利己性は経済合理性に含まれる特性なので、**教育で合理性を高めうる可能性が示唆されています。**

合理的経済人
じゃない人の
ためになる

+αのレッスン

囚人のジレンマ：共犯関係の2人が、別々に司法取引をもちかけられた際、ともに黙秘すればいいのにどちらも自白してしまう、という話なのでこう呼ばれる。

● 囚人のジレンマゲーム

Step 1 自分の行動を「協調」「裏切り」から選ぶ

Step 2 相手の行動との組み合わせで得点が決まる

得点は下の得点表のとおり。たとえば、自分が「裏切り」を選び、相手が「協調」の場合が最も高得点になる

得点表

	協調	裏切り
協調	3 / 3	5 / 0
裏切り	0 / 5	1 / 1

「協調を選ぶほうが全体としては幸せになる。しかし、裏切りを選んだほうが利益を得られる」というジレンマが生じる。

+αのレッスン

囚人のジレンマゲーム：2人とも協調を選べばお互い幸せですが、そうなるのは難しいです。2人とも裏切りというよくない状態に落ち着いてしまいがちです。

ナッジの悪用に注意！
倫理観と良心を忘れずに

▸人間の心理や行動の本質に触れる学問

ナッジをはじめとして、行動経済学で得られた知見には、悪用できそうなものが数多くあります。この本でもいくつか紹介しているように、ビジネスに応用できそうな事例はたくさんあります。人間の心理や行動の本質に触れるからこそ、使用者の倫理観と良心を信じたいところです。

悪用から身を守るためにも、私たちがどのような癖をもっているのかを知っておくことは重要でしょう。たとえば、なぜ定額制がラクなのか？　なぜあの人に言われるとやる気が出るのか？　なぜあの店ではいつもたくさん買ってしまうのか？　この本はこのような疑問に答えを与えてくれるでしょう。

▸悪用しても結局は長続きしない

悪用がよくないのは、倫理的な問題をもつからだけではありません。人の意思決定の癖を悪用するようなナッジは、継続性が期待されません。だまされたと気づいたら、もう二度とその誘導を受けてくれないでしょう。望ましいものをたった一度だけ選ばせても、あまり意味はありません。望ましい状態がずっと続くよう、長続きするナッジを行うことが本質的には重要だと思います。しかし、持続するナッジというものはまだほとんど明らかにされていません。今後の研究が期待される分野です。

1章
職場・チームの行動経済学

執筆　黒川博文
Hirofumi Kurokawa

あなたは夏休みの宿題を計画どおりに終わらせることができましたか？　頼まれた仕事を期限内に間に合わせることができているでしょうか。つい遊んでしまったりしていないでしょうか。ここでは「待つこと」に対する感じ方の違いを中心に、すぐに取り入れられて仕事の能率アップにつながる知見を紹介します。

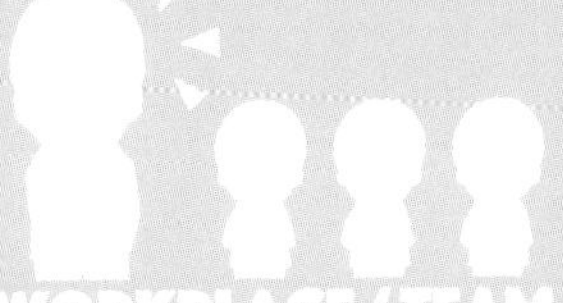

お、終わらない……
もう3時間かかりっきりでまだ半分だとぉ!?
なんてめんどくさい書類なんだぁぁぁ!!
書類のチェックしてもらわなきゃならないのに……
話しかけられる雰囲気じゃないよぉ〜!!
ぐぬぬ…
後輩社員 藤沢
おお!野々村くんはいつも仕事が速いな!
ありがとうございます
……まぁ計画どおりに進めているだけなので褒められることではないと思いますが
同期社員 野々村
ちくしょー野々村め差を付けやがって!

いやいや……戦う前にまず敵を知るべし！
ここは恥をしのんで野々村がどうやって仕事を進めてるか聞いてみるか……
おい野々……
ず〜ん…
それはあまり意味がないと思いますよ
ちょっえっ!?先生!?
び
くっ!!
心の癖は人によって差があるんです
だからマネジメントやスケジューリングはそれに合わせないと♪
……ってゆーかここオフィスですよ!!なんでいるんですか!?
私は〜通りすがりの〜♪
行動経済学者〜
ズガ〜ン!!
歌ってごまかした——!!

WORKPLACE / TEAM

損失の悲しみを利用したやる気の管理

先ボーナスのほうが効果大

ボーナスがもらえるとなると、やる気が上がりますよね？　ローランド・フライヤーらの研究によると、**成果が出てからボーナスを渡すよりも、先にボーナスを渡して、成果が出なければ没収するというボーナスの与え方のほうが、成果が高い**ということが知られています。

どちらのボーナスの与え方でも、最終的には成果が出ればボーナスがもらえて、成果が出なければボーナスがもらえないという意味で、ボーナスを手にできるかどうかは同じです。なぜこのような違いが出てくるのでしょうか？

人は損を回避しようとする

先にボーナスを渡した場合、**損失回避**と呼ばれる性質が働きます。損失回避については、第2章で詳しく説明しますが、ざっくりいうと、**1万円をもらったときの喜びと、1万円を失ったときの悲しみを足しても、プラマイゼロにならないという性質**です。

ボーナスをもらえること（利得）の効果よりも、一度手にしたボーナスを失うこと（損失）の効果のほうが大きいということです。手にしたボーナスを失うことだけは回避しようという思いが、やる気を引き出すのです。

＋αのレッスン　**損失回避**：悲しみは喜びの２倍程度の心理的インパクトがあるといわれています。

● 先ボーナスと後ボーナス

2010―2011年にかけてシカゴの小中学校の先生150人以上に追加ボーナスを稼ぐチャンスを導入。大きく2グループに分けて、次のような実験を行った。

利得グループ

担当している生徒の成績が改善されると、ボーナスを受け取る

損失グループ

ボーナスを先に受け取り、生徒が目標の成績に達しなかった場合、返金する

➡結果

損失グループでは、数学の成績が約6%上昇し、国語の成績が約2%上昇。利得グループでは、成績の向上が見られなかった。

Fryer et al.(2012)

+αのレッスン　**ローランド・フライヤー**：ハーバード大学経済学部教授。ノーベル賞に最も近い経済学賞として知られる「ジョン・ベイツ・クラーク賞」を受賞しています。

WORKPLACE / TEAM

現金より経験のほうが満足が長続きする

ボーナスはお金でほしい？

ボーナスや報酬といえば、先ほどのように現金を渡すことが多いと思います。では、お金の代わりに、**同額の旅行といった経験や品物を報酬として渡す場合はどうでしょうか？**

グーグルで行われた社内調査では、**報酬は経験や品物よりも現金でもらうことを望む人が多く、現金のほうが有意義と感じている人が多かった**そうです。そこでグーグルは、半分のグループには報酬として現金を、残りの半分のグループには現金と同額程度の旅行や品物を報酬として渡すという実験を行いました。

経験のほうが効果は高く持続する

実験結果は、調査結果と異なるものでした。**現金を渡したグループよりも、旅行や品物を報酬として渡したグループのほうが、実際の満足度は高かった**のです。また、旅行や品物で報酬をもらった人のほうが、報酬の記憶が強く残っていました。

5カ月後の再調査では、満足度はさらに上昇していたこともわかりました。お金で渡した報酬と同等の金額であっても、経験や品物を報酬として渡したほうが、高い価値を見出して、心に残るのです。

実際に与えてみると事前調査と異なることも

+αのレッスン グーグルはアップル、フェイスブック、アマゾンと並ぶIT大手。業務時間の2割を自由な研究に使う「20％ルール」などユニークな試みを行っています。

● 報酬はお金か経験・品物か？

お金の代わりに旅行や品物を報酬とする場合、どのような効果があるだろう。

事前調査

事前調査では、報酬は旅行や品物といった経験よりもお金でほしいと思っているという結果が出た。

社内実験

しかし、実際にお金で報酬を渡したグループと、同額の旅行や品物といった経験をプレゼントしたグループを比較したところ、

・経験をプレゼントしたグループのほうが満足度が高い
・経験をプレゼントしたグループは満足度の持続性もある

という結果が出た。

参考：ラズロ・ボック(2015)『ワーク・ルールズ！』

+αのレッスン　グーグル人事担当者ラズロ・ボックの著書『ワーク・ルールズ！』に調査と実験結果の詳細が示されています。

WORKPLACE/TEAM

具体的な行動設定で自分や他人を動かす

行動の先延ばしを防ぐ簡単な方法

目標だけでは動けない

「○○を実現したい」というような目標を定めることがあると思います。しかし、実際には、目標に向けて実行することを先延ばししてしまうものです。目標達成に向けて自律的に動くためには、このような**目標意図**に加えて、**実行意図**も大事であることが知られています。

実行意図とは**「Xという状況になったら、Yという行動を取る」というような意図のこと**です。目標達成のために行う行動を、いつ、どこで、どのように行うかを事前に決めておくことを指します。

日時を記入するという実行意図

たとえば、社内でのインフルエンザの感染を防ぎたいとします。この目標を実現するためには、インフルエンザワクチンを接種することが効果的だと考えられます。どのように、ワクチン接種を社員に勧めるのが効果的でしょうか？

キャサリン・ミルクマンらの研究では、ワクチン接種の実施日を伝えるだけでなく、**いつ行くかを記入させる欄をつくることで接種率が上昇**しました。このような実行意図を記入させる機会を提供することで、ワクチン接種の先延ばしを防ぐことができたのです。

+αのレッスン　To doリストに「何をするか」だけでなく、「いつ」「どこで」を付け加えるのが実践的です。

● 計画の先延ばしを防ぐ伝達方法

2009年に米国のある会社でインフルエンザワクチン接種に関するナッジ実験が行われた。従業員3,272名に対して、無料で受けられるインフルエンザの予防接種の案内の手紙を送付。対象者をランダムに3グループに分け、グループごとに以下のような内容の異なる案内を送付した。

パターンA

・インフルエンザの予防接種を無料で受けることができます。
・次の時間に受けることができます。
9月26日　7:00〜15:30
9月28日　7:00〜15:30
9月30日　7:00〜15:30

▼

接種可能日の伝達

接種率 33.1%

パターンB

・インフルエンザの予防接種を無料で受けることができます。
・次の時間に受けることができます。
9月26日　7:00〜15:30
9月28日　7:00〜15:30
9月30日　7:00〜15:30
・あなたの参加予定を記入してください。

| 月 | 日 | 曜日 |

▼

接種可能日の伝達
+参加予定日を記入

接種率 35.6%

パターンC

・インフルエンザの予防接種を無料で受けることができます。
・次の時間に受けることができます。
9月26日　7:00〜15:30
9月28日　7:00〜15:30
9月30日　7:00〜15:30
・あなたの参加予定を記入してください。

| 月 | 日 | 曜日 |
| 時間 | 時 | 分 |

▼

接種可能日の伝達
+参加予定日・時間を記入

接種率 37.1%

単純に、接種可能な日を伝えるだけでなく、**「何月何日何時に接種しに行くか」という、具体的な行動の日時を記入させる**機会をつくるだけで、接種率はこんなにも変わる。

Milkman et al.(2011)

+αのレッスン　「忘れないで！（○月○日）に（××先生）の内視鏡検査の予約あり」という付箋を付けるだけでも効果的(Milkman et al. 2012)。

WORKPLACE/TEAM

コミットメントで締め切りを守らせる

将来の行動を縛っておく

コミットメントという言葉を聞いたことがあると思います。行動経済学では、**計画を立てた段階で、将来の行動を縛っておくこと**を意味します。コミットメントは、ナッジの1つとして知られています。

計画を立てても、つい先延ばしにしてしまい、計画どおりに実行できないものです。このような先延ばしを防ぐ工夫や仕組みのことを行動経済学では、**コミットメントデバイス**と呼んでいます。期限に遅れがちな部下には、どのようなコミットメントデバイスが有効でしょうか？

細かな締め切りで先延ばしを防ぐ

ダン・アリエリーらの研究によると、最終的な締め切りを一度だけ設けるよりも、**細かな締め切りを複数回、設定したほうが仕事の効率性が高くなる**ことがわかっています。細かな締め切りがコミットメントデバイスとして働き、先延ばしを防ぐことができるのです。

また、**自分で締め切りを設定させるよりも、強制的に締め切りを設定してあげたほうが、仕事の効率が高い**ことがわかっています。計画どおりに動かない部下には、強制的に締め切りを設定してあげることが効果的かもしれません。

計画倒れを防ぐために取り入れたい

+αのレッスン　**ダン・アリエリー**：デューク大学教授。心理学的な行動経済学に関する研究や著書をたくさん出版している研究者。

● 締め切りと生産性

学生に校正の課題を3枚与え、3週間以内に実施することを要求。修正1箇所につき10セントを与える。3種類の締め切り（遅れると1ドル／日の罰金）をランダムに設定した。

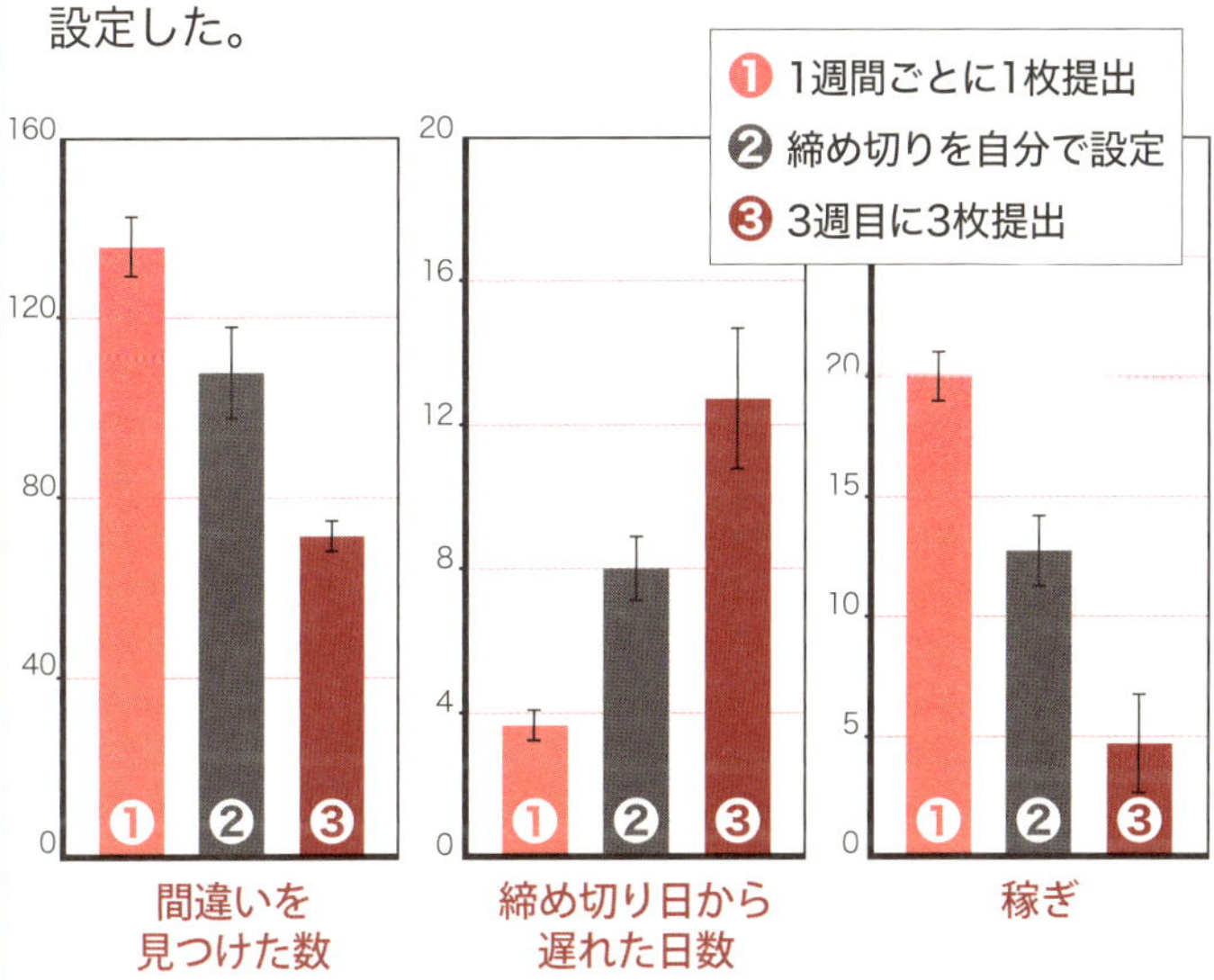
❶ 1週間ごとに1枚提出
❷ 締め切りを自分で設定
❸ 3週目に3枚提出
160
120
80
40
0
20
16
12
8
4
0
20
15
10
5
0
❶
❷
❸
間違いを見つけた数
締め切り日から遅れた日数
稼ぎ

締め切りを一度しか設けない❸よりも、細かな締め切りを設けた❶のほうが、間違いを見つける数が多く、提出締め切り日から遅れる日数は短く、稼ぎが多い。また、❷のように、自分で締め切りを設定させた場合も、学生たちは課題ごとに3回に分けて締め切りを設定し、同様の効果があった。

細かく締め切りを設けることが生産性を高めることがわかる。❶と❷を比べると自分で締め切りを設定させるよりも、締め切り日を強制的に設定したほうが生産性は高いようだ。

Ariely et al. (2002)

+αのレッスン **コミットメント**：commitmentと書きます。約束、誓約といった意味です。詳しくは48ページ。

WORKPLACE/TEAM

自分の計画性を知る第一歩 時間割引率を計算しよう

今日の1000円は1年後の何円？

先延ばしや計画性に関連するテストをしてみましょう。**今日1000円もらうのと、1年後に1100円もらうのでは、どちらを選びますか？** 金利は10％と計算できます。多くの人が、「今日1000円もらう」ほうを選んだのではないでしょうか？

1100円ではなく、1200円、1300円と、1年後にもらえる金額を増やしていくと、どうでしょうか？　今日1000円もらうより、1年後にお金をもらうほうがうれしく思うようになってくると思います。

我慢強さを表す時間割引率

この質問は、経済学で重要な概念の1つである**時間割引率**を計測するものです。次のページの図で示したように、「今日よりも1年後のほうがよい」と切り替わった前後で要求する金利が、あなたの時間割引率になります。つまり、**時間割引率とは、1年間お金の受け取りを待つのに要求する主観的な金利のこと**を指します。

時間割引率は我慢強さを表していると考えることができます。要求する金利が低い、つまり、1年後にもらう金額が少なくてもよいと思う人ほど我慢強いと考えられます。

先延ばし
しがちな人は
要計算

+αのレッスン 時間割引率は我慢強さを表しているので、時間割引率が高い＝せっかち＝後回しにしやすい、ということができます。

● 時間割引率の計算方法

A 今日1,000円もらうか、B 1年後にX円もらうか選べるときに、あなたならAとBどちらを選ぶだろうか？（○を付ける）

今日	1年後	金利	選択回答欄	
1,000円	1,000円	0%	Ⓐ	B
1,000円	1,100円	10%	Ⓐ	B
1,000円	1,200円	20%	Ⓐ	B
1,000円	1,300円	30%	Ⓐ	B
1,000円	1,400円	40%	Ⓐ	B
1,000円	1,500円	50%	Ⓐ	B
1,000円	1,600円	60%	A	Ⓑ
⋮	⋮	⋮		

上から順に○を付けていくと、どこかでAからBに選ぶ点が切り替わるだろう。その切り替わった箇所から時間割引率が計算できる。

たとえば、上のように○が付いたなら、

55%(＝(50+60)÷2)

※2016年の大阪大学による「くらしと好みの満足度についてのアンケート」の結果では、時間割引率の平均値は約190%、中央値（データを小さい順番から並べたときの真ん中の値）は約30%でした。中央値と平均値が離れていることから、時間割引率は個人差が大きいことがわかります。

+αのレッスン
たとえば、時間割引率はダイエットの失敗にも関係しています。時間割引率が高い人は、未来にやせることより、今おいしいものを食べることを選びやすいのです。

WORKPLACE/TEAM

時間非整合性をもつ人は計画倒れを起こしやすい

後悔するのは
好みが
変わるから

1年後の1000円は2年後の何円？

前項の質問は、**①今日1000円もらうか、1年後に1100円もらうか**というような質問でした。多くの人が「今日1000円もらう」を選んだと思います。それでは、**②1年後に1000円もらうのと、2年後に1100円もらうのとでは、どちらを選びますか？**

1年後はだいぶん先なので、1年待つのも2年待つのもほとんど違いはないと感じるのではないでしょうか。ですので、多くの人が「2年後に1100円もらう」ほうを選んだのではないでしょうか？

後で好みが変わる現在バイアス

このような選択をした人は**現在バイアス**があるといいます。**現在バイアスとは、将来よりも今を重視する性質のこと**です。①では将来まで待てず、今日のほうを選んでいました。今という要素が抜けた②では、我慢強くなり、より将来のほうを選べるようになったのです。

現在バイアスがあると、後になって好みが変わります。したがって、現在バイアスがある人は、計画を立てても計画どおりに実行できないことが多いのです。このような性質を**時間非整合性**といいます。

+αのレッスン

将来バイアス：①で1年後、②で1年後の選択をした人は将来バイアスがあるといいます。

● 現在バイアスと時間非整合性

現在バイアスのある人は、以下の図のように後になって好みが変わる。

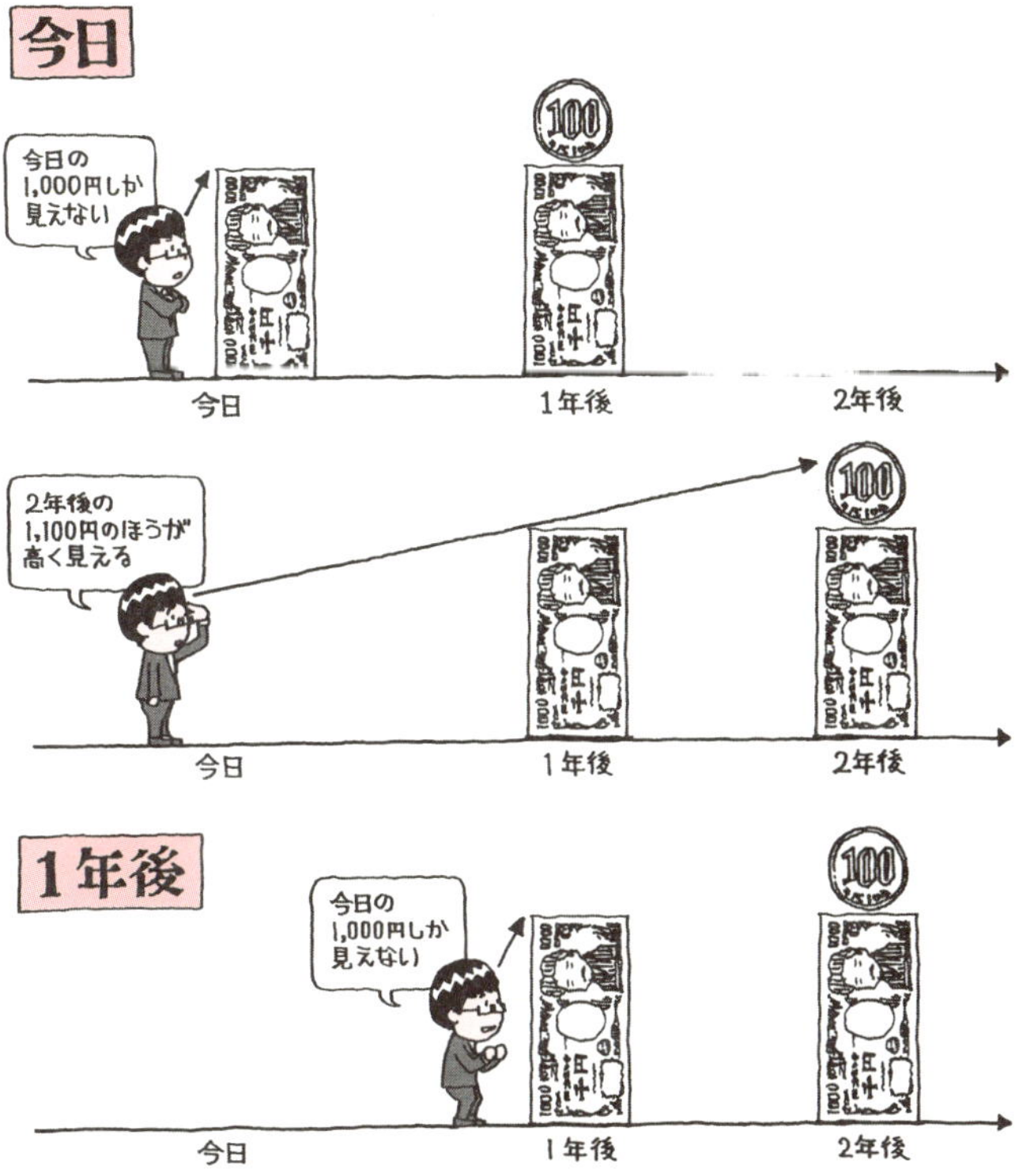

今日の時点では、2年後の1,100円のほうがよいと言っていたのに、いざ1年後になると、やっぱり今日の1,000円のほうがよい！

＝時間非整合性

+αのレッスン
①では将来を選び、②ではより近い将来のほうを選んでいるので、後で好みが変わっています。したがって、将来バイアスがある人も時間非整合的であるといえます。

WORKPLACE / TEAM

近い未来ほど我慢が嫌で遠い未来はそうでもない

計画を守れる時間整合的な人

①今日１０００円もらうか、１年後に１１００円もらうかという質問で「１年後に１１００円もらう」を選び、②１年後に１０００円もらうか、２年後に１１００円もらうかという質問で「２年後に１１００円もらう」を選んだ人もいると思います。このような選択をする人は、**時間整合的**といいます。**後になっても好みは変わらないので、計画どおりに物事を実行できる**と考えられます。①で今日のほうを選び、②で１年後のほうを選んだ人も時間整合的ですが、時間割引率が高く、せっかちだといえます。

近い未来ほど大きく割り引く

伝統的な経済学では、時間整合的な人を想定してきました。**時間整合的な人の時間割引率は、時間を通じて一定**です。時間を一定の割合で割り引いて考えています。このような割り引き方を**指数割引**といいます。

行動経済学では、現在バイアスがあるような時間非整合的な人がいることも考えて、世の中を分析します。**現在バイアスがある人の時間割引率は、今に近いほど大きく割り引き、時間を経て徐々に小さくなっていきます**。このような割り引き方を**双曲割引**といいます。

図にして
みると違いが
よくわかる

+αのレッスン **割り引く**：待つことでうれしさが減るということ。大きく割り引くということは、それだけ待つのが苦痛という意味です。

● 指数割引と双曲割引

伝統的な経済学では指数割引の人のみを考えてきたが、行動経済学では双曲割引の人についても考える。

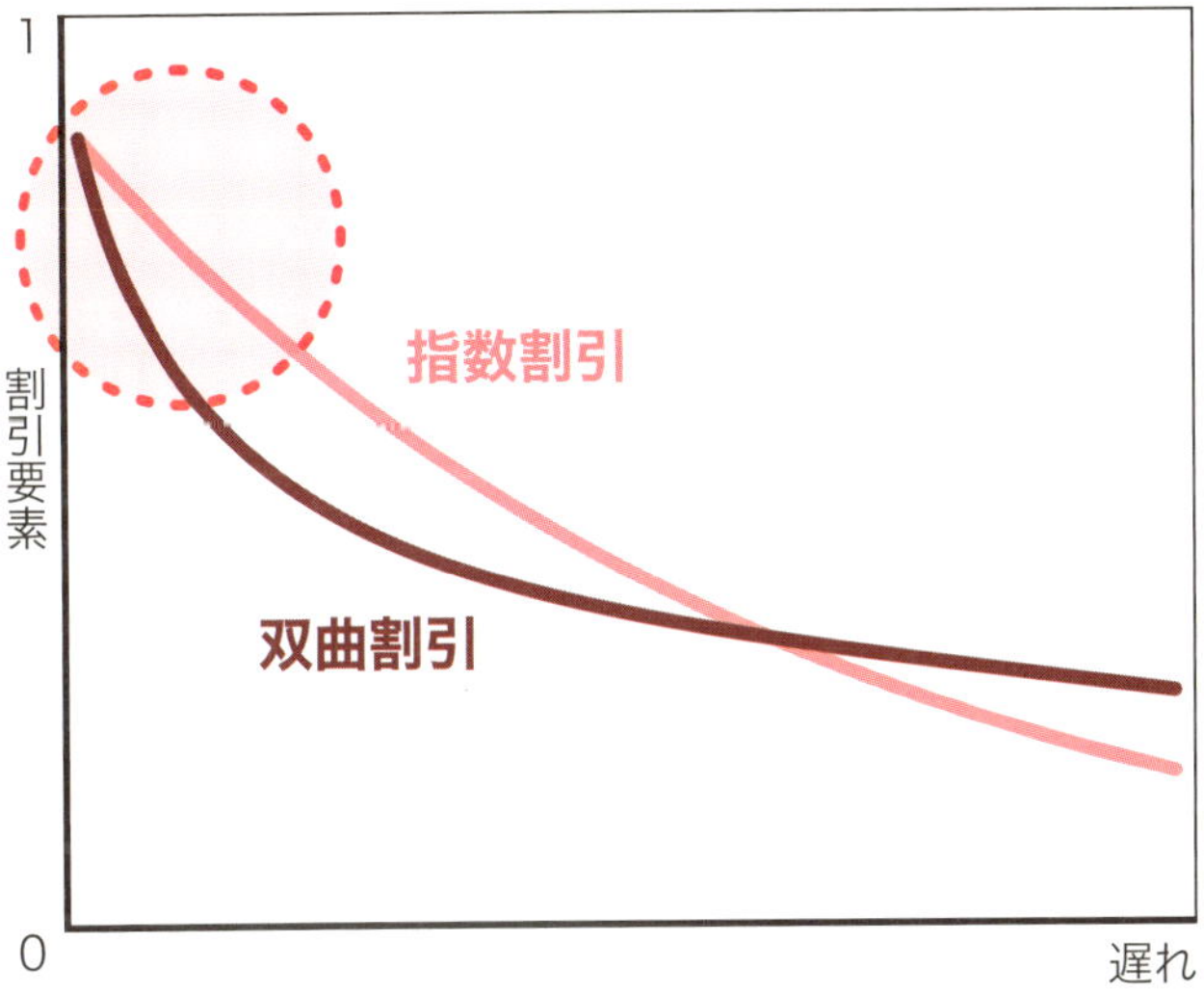

双曲割引の人は今に近いほど大きく割り引く。
つまり、近い未来のことほど待つのが苦痛。

指数割引＝時間整合的＝計画どおりに実行
に対して
双曲割引＝時間非整合的＝計画倒れ
ということになる。

池田新介(2012)『自滅する選択』p79より一部改変

+αのレッスン　物事を考えやすくするために、伝統的な経済学では指数割引を想定してきました。

WORKPLACE/TEAM

夏休みの宿題でわかる あなたの**時間整合性**

宿題より遊びを優先した人が多いはず

子どもの頃、夏休みの宿題を夏休みが始まってすぐに終わらせましたか？　それとも、毎日コツコツやりましたか？　もしかして、夏休み終了間際になって必死にやっていませんでしたか？　また、**夏休みが始まる前、どのような計画を立てていましたか？**

「夏休みの宿題を早く終わらせて、残りは思う存分遊ぼう！」という計画を立てていた人が多いと思います。とはいうものの、実際には遊びを優先し、宿題を後回しにしてしまった人が多いのではないでしょうか。

計画を先延ばしにさせる現在バイアス

この質問と時間割引率や現在バイアスには深い関係があります。宿題を遅く終わらせた人ほど、時間割引率が高いことになります。**せっかちな人ほど後回ししやすい**ということです。

また、**計画よりも後に宿題を終わらせた人は、現在バイアスがある**と考えられます。計画を立てたとしても、いざ、当日になると、宿題よりも遊びという目先の利益にとらわれてしまい、計画を先延ばししてしまうのです。時間割引率や現在バイアスといった時間に対する好みは、様々な行動と関連することが知られています。

子どもの頃の
過ごし方にも
表れていたのか

+αのレッスン　池田新介らの研究によると、宿題を遅くやった人ほど、喫煙や飲酒の習慣があることがわかっています。

● 時間整合性と時間非整合性

子どもの頃、

❶ 夏休みの宿題をいつ終わらせたか？ 実際

また、

❷ 夏休みの宿題をいつ終わらせる計画だったか？ 計画

1. 休みが始まった最初の頃
2. どちらかというと最初の頃
3. 毎日ほぼ均等
4. どちらかというと終わりの頃
5. 休みの終わりの頃
6. 提出期限を過ぎてから

こんな感じになってしまった人も多いかもしれない……。

❶＝❷の人は時間整合的
❶＞❷の人は時間非整合的で
現在バイアスのある人

ということができる。

+αのレッスン 同じく、ギャンブルの習慣や借金、肥満などとも相関関係があることがわかっています。

WORKPLACE/TEAM

自分の時間非整合性に気づいている人・いない人

賢明な人なら
コミットメントで
対処しやすい

賢明な人は気づいている

時間整合的な人は、後になっても好みが変わらないので、一度立てた計画を計画どおりに実行できます。一方、**時間非整合的な人は、後になって好みが変わってしまうので、計画を立てても計画どおりに実行できず、しばしば後悔してしまいます**。

さらに、時間非整合的な人は、後になって好みが変わることに気づいている**賢明**（ソフィスティケート）な人と、好みが変わることに気づいていない**単純**（ナイーブ）な人の2つのタイプに分けることができます。

実際、計画、理想の3つで判断

では、賢明な人か単純な人かを判断するにはどのような質問をすればよいでしょうか？　前項の夏休みの宿題の例でいうと、①②に加え、③**いつ終わらせることを理想と考えていたか？**を聞くことで、区別することができます。

単純な人は、自分は計画どおりに実行できると思っているので、理想と計画は一致しますが、実際に終わらせた時期は理想と計画よりも遅い時期になります。**賢明な人は、自分が計画どおりにいかないことを知っている**ので、理想よりも早い時期に計画を設定します。

+αのレッスン

賢明と単純：賢明だからよい、単純だから悪いという意味はないことに注意が必要です。

● 賢明な人と単純な人

時間非整合的な人は、さらに賢明と単純に分けることができる。夏休みの例でいえば、次の3つの要素から判断することができる。

実際……実際に夏休みの宿題が終わったのがいつか
計画……夏休みの宿題をいつ終わらせる計画を立てたか
理想……本当はいつまでに終わればいいと思っていたか

時間整合性		計画、理想、実際の関係
時間整合的		計画 ＝ 理想 ＝ 実際
時間非整合的	賢明	計画 ＜（より遅い） 理想 ＜（より遅い） 実際
時間非整合的	単純	計画 ＝ 理想 ＜（より遅い） 実際

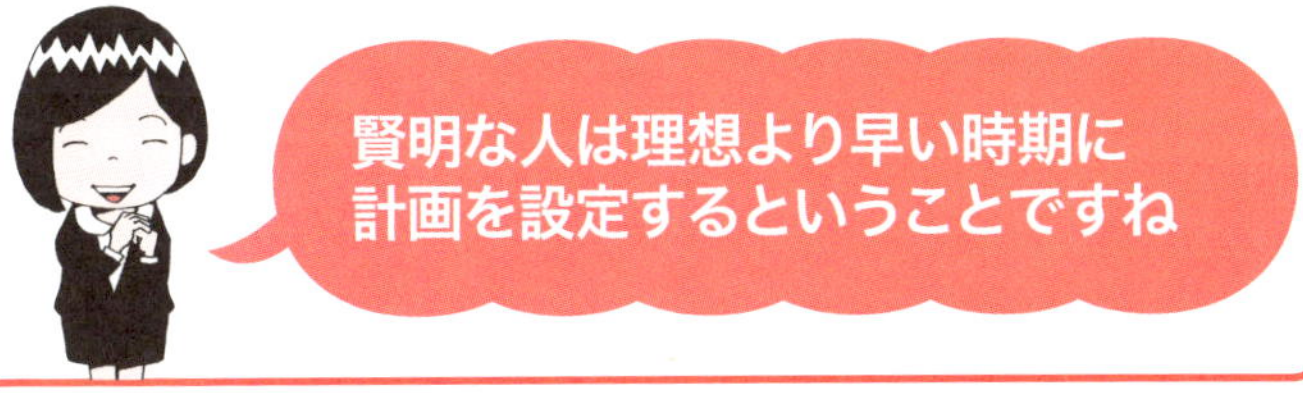
賢明な人は理想より早い時期に
計画を設定するということですね

＋αのレッスン 賢明な人は、次のページで述べるコミットメントをすでに自主的に導入しているような場合も多いかもしれません。

WORKPLACE/TEAM

自制心の弱さに気づいたら 自分を縛るコミットメント

細かな締め切りもコミットメント

時間非整合的な人は、計画を立てても計画どおりに実行できず後悔してしまいます。適切な**コミットメント**を使うことで、計画どおりに実行できるようになります。**コミットメントとは、将来の自分の行動を縛るもの**です。

夏休みの宿題の例でいうと、締め切りを細かく設定することは、コミットメントの一例です。夏休み最後にしか締め切りがない場合は、ずるずると先延ばしをしてしまいますが、**細かな締め切りを設定することで、先延ばしを防ぐことができます**。

事前に誘惑をなくしておく

締め切りを細かく設定しても、単純な人は、その締め切りも破ってしまうかもしれません。そのような人には「スマホやゲームをもたずに図書館に出かけて、宿題だけを行う」というのが効果的なコミットメントになるでしょう。

ゲームという誘惑に負けてしまい、宿題を先延ばししてしまうので、**誘惑の素をなくして、宿題しかできない状況をつくって、自分を追い込む**ことがよいのです。宿題以外の例では、簡単に引き出せない口座に貯金をするというのも、コミットメントと考えられます。

+αのレッスン　**コミット**：コミットはcommitと書き、「約束する」「責任をもつ」という意味の動詞です。

● コミットメントの例①

コミットメントを使うことで、時間非整合的な人でも計画どおりに実行することができる。コミットメントには、たとえば次のようなものがある。

少しタイトな服を買う

スリムサイズパンツ

➡ はけるようにダイエットをがんばる

連続ドラマの初回を見ない

下町ロボット

➡ 話がわからないので2話以降も見ない

そのほか

- **タバコやお菓子の買い置きをしない**
- **クレジットカードの限度額を低めに設定する**

なども有効。

誘惑の素をなくしてしまうのがポイントということですね

+αのレッスン
家で宿題を行う場合にも、スマホを机やバッグの奥のほうにしまうなどして、すぐに操作できないようにしておくといいかもしれません。

WORKPLACE/TEAM

自分だけでダメなときは他人やお金の力を借りる

他人に監視してもらう

前の項目では、締め切りをつくったり、宿題しかできない環境をつくったりするというコミットメントを紹介しました。このようなコミットメント以外に、**目標や計画を他人に公言するというのもコミットメントの1つ**です。

自分のなかだけの目標や計画だと、どうしても計画を変えたり、目標を勝手に引き下げてしまったりしてしまいます。ところが、目標や計画を他人と共有すると、他人という監督者が生まれます。他人の目を気にして、計画を守り、目標を達成しようとがんばるようになります。

ルールにルールを重ねておく

計画を立てるときに、もしその**計画が守れなかったら、自分が嫌なことをするという約束を同時に立てておく**というのもコミットメントです。宿題を計画どおりにできなかったら、ゲームを没収するというようなものです。

禁煙中にタバコを1本吸ったら1000円の罰金を支払うというように、**お金の力を借りることも1つの手段**としてありです。ただし、自分を追い込みすぎるコミットメントは、逆に害をもたらしてしまうことがありますので、注意が必要です。

絶対に守りたい計画に使おう

+αのレッスン 罰ゲームを導入するのも、ルールにルールを重ねておくコミットメントの1つです。

● コミットメントの例②

自分だけでは計画どおりに進められない場合は、他人やお金の力を借りるというコミットメントもある。

周りに宣言する

約束を破ったら対立する団体に寄付などをする

・他人に監視してもらう

・ルールにルールを重ねる
・お金の力を借りる

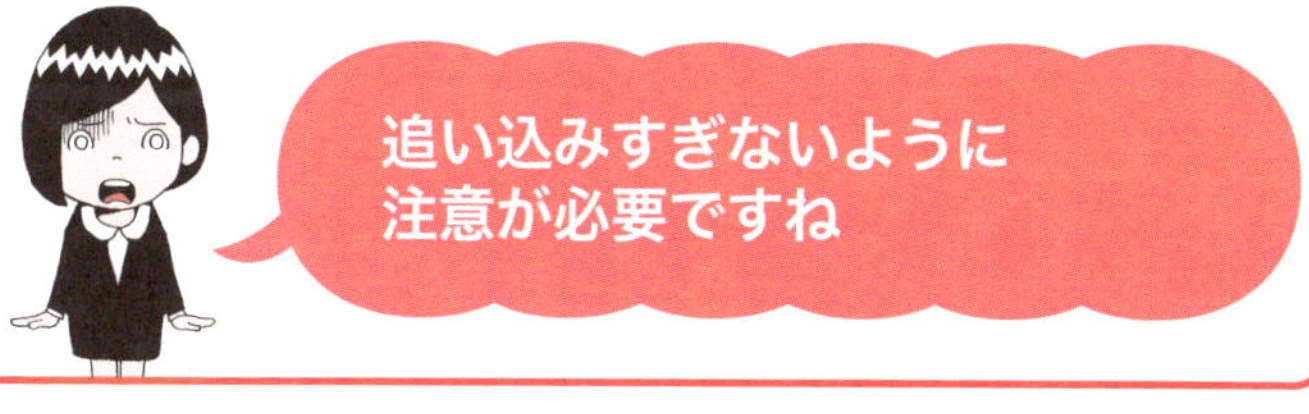

+αのレッスン **stickK**：目標達成支援サイト。サイトにお金を預け、期日までに目標を達成できなかった場合、お金は指定した団体に寄付される仕組みです。

2つの動機とインセンティブ

人々に行動を起こさせるもの

お金が先延ばしを防いだり、人々のやる気を上昇させたりすることを見てきました。このように、**人々に様々な行動を起こすきっかけを与えることから、お金のことを金銭的インセンティブといいます**。

お金だけが行動を引き起こすインセンティブになるわけではありません。グーグルでの取り組み（P32）のように、旅行や品物といったものもインセンティブになりえます。**お金ではないインセンティブのことを非金銭的インセンティブといいます**。

内なる目標もモチベーションになる

金銭的インセンティブと非金銭的インセンティブは、自ら設定するものではなく、他人から与えられるものです。このように、他人のような**外から与えられる動機のことを外発的動機といいます**。

内発的動機という、自分の内なる目標や好奇心、達成感も人々が行動を起こす動機になります。趣味でマラソンを走る人は、賞金を目指して走っているわけではありません。完走の達成感を味わいたい、というような内発的動機に基づいて、走っているのです。

達成感を
与えることでも
人は行動する

+αのレッスン **インセンティブ**：インセンティブはincentiveと書き、「誘因」という意味です。行動しようという欲求を引き出す要因を指します。

● インセンティブと動機

動機
GOAL
ボーナス
内発的動機
個人の内なる目標や
姿勢、好奇心、達成感
外発的動機
個人の外部に存在する
インセンティブや報酬
¥
非金銭的
インセンティブ
表彰、社会的承認、経験
金銭的
インセンティブ
お金

+αのレッスン　**モチベーション**：motivation と書き、人が行動を起こすときの原因。つまり動機のこと。

半端なインセンティブは やる気を阻害する

お金は万能ではない

仕事自体が楽しいといった内発的動機に基づいて仕事をしているときに、金銭的インセンティブを与えると、仕事をする動機が外発的動機に置き換わってしまうことがあります。楽しさを目的に仕事をするのではなく、お金を目的に仕事をするようになってしまうのです。

逆に、**金銭的インセンティブが不十分な場合、やる気が下がってしまう**ことがあります。**外発的動機が内発的動機を駆逐して、やる気を阻害してしまうことをアンダーマイニング効果といいます。**

十分に払えないならまったく払うな

不十分なボーナスや給与は注意

アンダーマイニング効果を示した実験があります。学生被験者を集めて、クイズを解くという課題を行いました。第1グループには正答しても報酬はいっさい与えません。第2グループは正答ごとに少額の報酬を与え、第3グループには正答ごとに十分な報酬を与えました。

結果、**少額の報酬を与えるグループよりも報酬をいっさい与えないグループのほうが、正答率は高かった**のです。クイズを解く楽しみよりも、お金を稼ぐことが目的になってしまい、少額の報酬がやる気を阻害してしまったのです。

+αのレッスン この実験で一番正答率が高かったのは、十分な報酬を与えられたグループでした。

● 報酬と生産性

IQテストから取ってきた問題を50問解くという課題を行った。

	第1グループ 報酬なし	第2グループ 正解1問につき約10円	第3グループ 正解1問につき約30円
平均正答数	28.4	23.07	34.1

Gneezy and List (2000)

■ 別例：保育園のお迎え

イスラエルの保育園で、「親がお迎えに遅刻すると、300円程度の罰金」という制度を実験的に導入した。10の保育園のうち6保育園で実施し、残りの4保育園では実施しなかった。なお、罰金が導入される前はどちらの保育園も遅刻数に差はなかった。

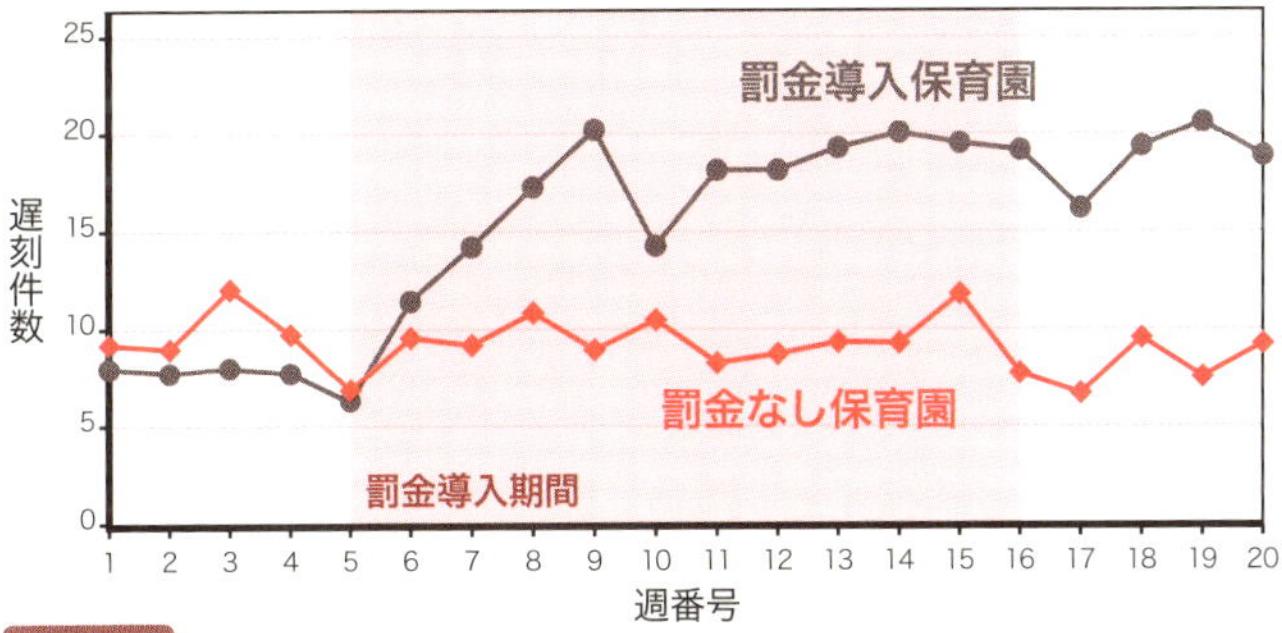

➡ 結果

罰金を導入した保育園では、遅刻が減るどころか、逆に増加してしまった。さらに、罰金制度をなくしても、遅刻件数は多いままだった。「遅刻はしてはいけないもの」という社会規範に従って遅刻が抑制されていたのが、「罰金という対価を払えば問題ではない」という認識に変わってしまったのだ。お金は万能ではないことに注意が必要。

Gneezy and Rustichini (2000)

+αのレッスン たとえば、子どもがテストでいい点をとったからお小遣いをあげる、ということもよく考えて行ったほうがよいでしょう。

WORKPLACE / TEAM

時給UPの効果は短期間 徐々に引き上げるのがベスト

総支給額は
同じでも
上げ方で大違い

善意に応えるためにがんばって働く

金銭的インセンティブの与え方には、出来高に応じて支払う出来高払いと、出来高に関係なく支払う**固定給**の2種類があります。**出来高払い**の単価を上げた場合は、がんばればさらに報酬が増えるので、よりがんばると思います。

では、固定給を上げた場合はどうでしょう？ がんばりに応じて報酬額が増えるわけではなくとも、以前より仕事をがんばるようになるのではないでしょうか。**報酬額を上げてくれた善意に応えようとする互恵性《ごけいせい》が働く**からです。このような互恵性のことを**贈与交換**といいます。

固定給は徐々に引き上げるのが効果的

データ入力を時給で支払うという仕事の募集を行った実験があります。当日、一方のグループには時給を上げることが伝えられました。**開始直後は時給が上がったグループのほうが作業量は多かったのですが、休憩後の残り時間では、作業量に違いはありませんでした。**固定給引き上げの効果は、消滅してしまったのです。

別の実験では、総額が同じになるとしても、固定給を一度に上げたり、2段階で上げたりするよりも、**徐々に上げていくほうが合計の作業量が多くなる**ことが示されています。

+αのレッスン お返しをするというのも互恵性の1つで、正の互恵性といわれます。一方、「やられたらやり返す」は負の互恵性といいます。

● 報酬アップと生産性の関係

■ 賃金上昇後のパフォーマンス推移

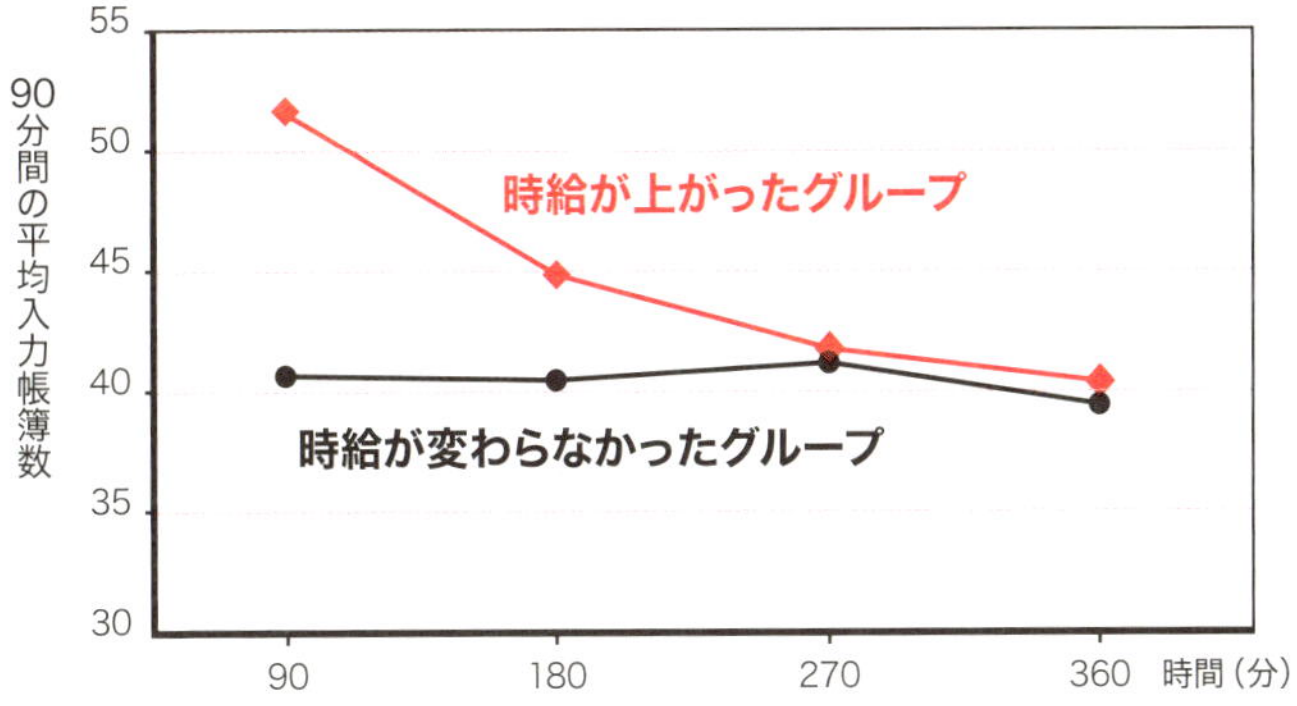

Gneezy and List (2006)

■ 賃金の差とパフォーマンス

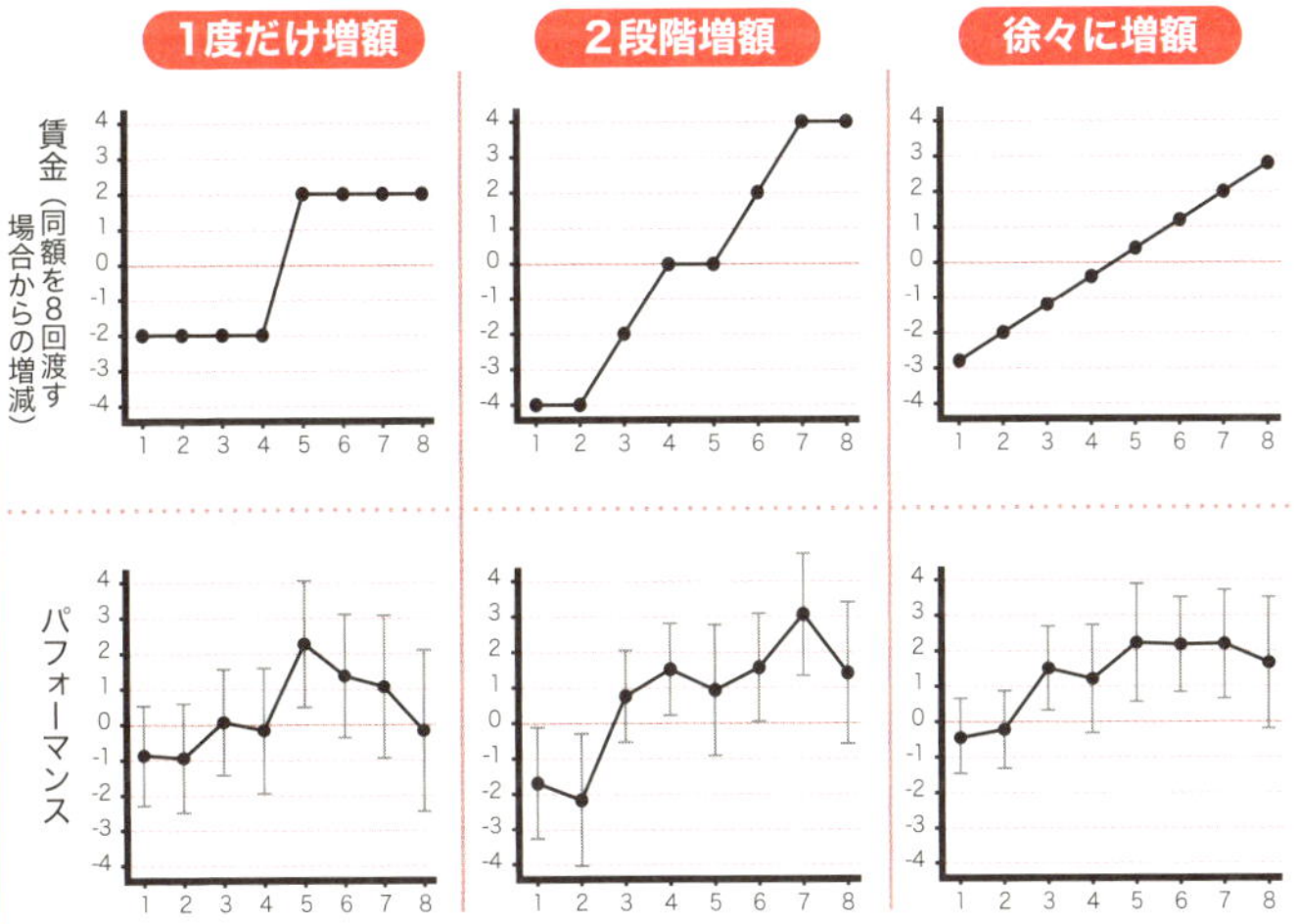

Sliwka et al. (2011)

+αのレッスン 与えられた善意に対してしっかり応える人ほど、給料が高いという研究結果があります。

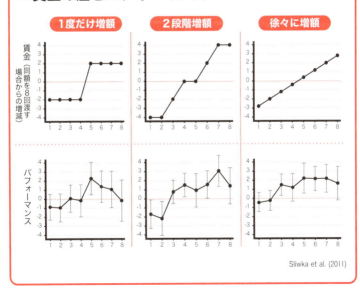

WORKPLACE/TEAM

1位以外にもご褒美を用意し チーム全体のやる気を上げる

1位を優遇しすぎることにも注意が必要

相対的な順位が大事なトーナメント

個人ごとにインセンティブを与えるだけでなく、チーム内で競争させるというインセンティブの与え方もあります。**成績が一番よかった人にのみ報酬を与える**というインセンティブの与え方は、**勝者総取りトーナメント**といわれます。

一方で、**相対的な順位に基づいて報酬額が異なる順位トーナメント**というインセンティブの与え方もあります。オリンピックのように、1位の金メダル以外にも、銀メダルや銅メダル、8位以内入賞といった報酬があるようなものが、順位トーナメントに相当します。

2位以下でもがんばれる工夫

1位になりそうな人とそれ以外の人で実力に差がある場合、順位トーナメントのほうが参加者全員の実力を引き出せます。勝者総取りトーナメントでは、1位になれないと思い、競争を諦めてしまう恐れがあるからです。順位トーナメントでは、2位以下の人でもがんばれば、より高い報酬が得られるので、努力するのです。

順位に応じて報酬額を変えない場合でも、**相対的な順位を知らせるだけで、生産性が上昇することが知られています。**報酬のないトーナメントでも、人はやる気になるのです。

+αのレッスン　男性は競争を好み、女性は競争を避けるという傾向があることが知られています。

● 勝者総取りトーナメントと順位トーナメント

■ 勝者総取りトーナメント

1位しか報酬がない場合、2位以下の人は競争を諦めて、努力しなくなる。そうなることを見越して、1位の人も努力しなくなり、全員の成績が悪くなる恐れがある。

■ 順位トーナメント

1位は無理でも、2位を目指して、1位になりそうな人以外もがんばる。

+αのレッスン 会社の場合、昇進やボーナス、表彰などを賞金に当てはめて考えると、取り入れることができるかもしれません。

WORKPLACE / TEAM

チームの席順でも生産性は変わる

同僚から影響を受けるピア効果

チーム内で競争していなくても、相対的順位を知らされると、生産性が上がるような現象は**ピア効果**といわれます。同僚の働きぶりが自分の働きぶりにも影響を与えるのです。

スーパーマーケットのレジ打ちのデータを分析すると、**自分よりも生産性が高い人が後にいて、見られている場合、その人の生産性も高くなった**という研究結果があります。できる人に見られて、プレッシャーを感じ、がんばるようになったのです。会社の席順などに応用できるかもしれません。

負の影響を与えることもある

ピア効果は、職場だけでなく、スポーツの場面でも存在します。競泳の記録を分析すると、**隣のレーンに人がいるときのほうが、より速く泳いでいる**ことがわかっています。とくに、その**隣の人が自分より遅いときに、より速く泳げる**ようになるそうです。

喫煙行動にもピア効果は影響します。中高生の喫煙に関するデータを分析すると、**友達が喫煙していたら自分も喫煙している可能性が高い**ことがわかっています。異性よりも同性からのピア効果のほうが影響は強いそうです。

がんばりを見せることでチームのやる気を引き出す

+αのレッスン **朱に交われば赤くなる**：このことわざは、まさにピア効果を表しています。ピアはpeerと書き、仲間などの意味があります。

● 日常のなかのピア効果

レジ打ち、水泳、喫煙など様々な場面でピア効果は観察される。

+αのレッスン　他人との成績の差が近いときのほうが、ピア効果は大きいことも知られています。

WORKPLACE / TEAM

同僚の給料を知るとやる気も生産性も下がる

給料が低いと知るとやる気減

職場での同僚の存在や相対的な順位を知ることで生産性が上がるという研究結果を紹介しました。一方、**同僚の給料を知ることは、生産性に影響する**ということが知られています。

出来高払いの実験で、単価が低い人と高い人に分けました。両者は同じ作業をします。同僚の給料を知らない状況では、単価が低い人と高い人で、生産量に違いはありません。**同僚の給料を知らされる状況では、単価が高い人よりも単価が低い人の生産量が少なくなった**のです。単価が低い人のやる気が減ったのです。

給与情報公開で不幸がやってくる

同僚の給料を知ることは、仕事に対する満足度にも影響することが知られています。一部の職員に給与情報が公開されたウェブサイトの存在を知らせるメールを送り、1週間後に、全職員を対象とする満足度調査を行いました。

同僚よりも給料が低い人のなかでは、メールを受信した人のほうが満足度が低かったのです。同僚よりも給料が高い人のなかでは、両者の満足度に差はありませんでした。メールを受信して、**同僚の給料を見て、自分の給料が低いことを知り、満足度が下がった**のです。

給料の公開には細心の注意を！

+αのレッスン

満足度の低下だけではなく、メールを受け取った人は、その後、転退職しやすかったそうです。

● 給与情報を公開することのリスク

■ 給料の相対関係と生産量

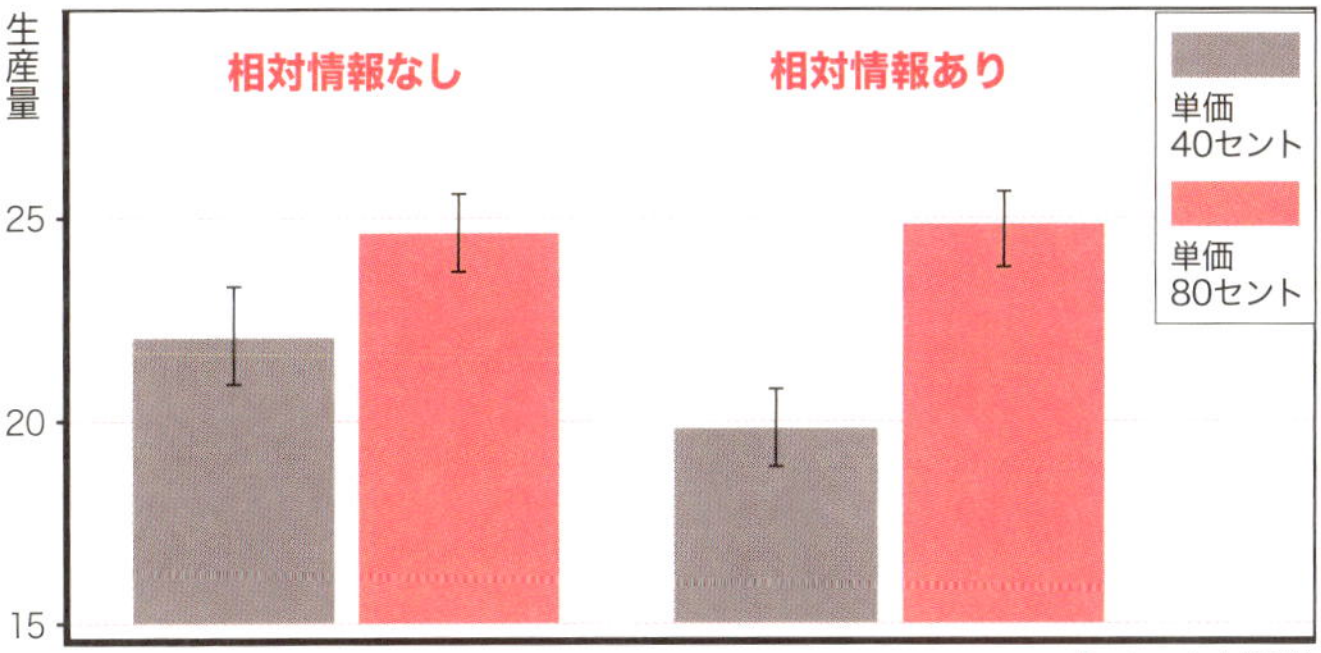

Bracha et al. (2015)

➡給料が低いことを知るとやる気が減る

■ 給与情報を知らせる実験

職員の給与情報を公開したサイトを開設した旨をメールで半分のグループにのみ送付。

半数にはメールを送らない。

メールを受けとったグループ（同僚の給与情報を見た人）のほうが満足度が低く、その後離職しやすい。

Card et al. (2012)

➡給料が低いことを知ると不幸になる

+αのレッスン

生産性：一定期間に生産された生産物の総量と、それを生産するのに投入された生産要素（労働や資本など）の比率。生産効率を表す指標。

自己評価による**幸福度**から**人の幸福**とは何かを探る

行動から判断する効用との違い

行動経済学では満足度や幸福度も分析対象です。**「全体として、あなたは普段、どの程度幸福だと感じていますか？　0点を最も不幸、10点を最も幸福としたときに、あなたは何点ですか？」**という質問をして、**主観的幸福度**を聞くことがあります。

伝統的な経済学では、**効用**という言葉を使って、幸福度や満足度のようなものを取り扱ってきました。パスタかラーメンという選択肢があったときに、パスタを選んだ場合、パスタを食べるほうが効用が高いというように考えます。

意外と使える主観的幸福度

伝統的経済学では幸福度や満足度の個人間比較は不可能として、各個人の行動からどちらの選択肢が満足度が高いかを判断してきました。ところが、主観的幸福度が、意外と世界各地で共通する傾向があることが知られてきて、行動経済学では扱われるようになってきました。

たとえば、**男性よりも女性のほうが幸福度が高い**ことが知られています。また、**幸福度は年を取るにつれて下がっていく、もしくは、40代以降にふたたび上昇する**という結果を示す研究があります。

効用だけではなく幸福度も取り扱う

+αのレッスン **主観的満足度**：「あなたは生活に満足していますか？」という満足度を聞くこともあります。

● 主観的幸福度の世界共通の傾向

幸福度
より高い
比較的低い
女性
男性
若者
40代
幸福度は年を取るにつれて右下がり、もしくは、40代を底とするU字型
既婚者
未婚者
結婚時
2〜3年後

結婚した個人を追うと、結婚が近づくにつれて幸福度は上昇し、結婚したときがピーク。結婚、2、3年後には元の水準に戻る。

+αのレッスン 性別や年齢などの基本的な属性と幸福度の関係については、生物学的なものか、社会的なものか、という点も重要です。社会的なものなら改善可能だからです。

WORKPLACE/TEAM

所得に幸福度が連動しない 幸福のパラドックス

お金だけでは幸せになれない

700万円で幸福度の上昇は頭打ち

所得が低い人と比べて、所得が高い人のほうが幸福度は高いということが知られています。これはみなさんの実感にも合うと思います。では、所得が高ければ高いほど幸福度は高くなっていくのでしょうか？

筒井義郎らの研究では、**所得が700万円以上になっても幸福度は上昇しない**という結果がわかっています。所得が多いほうが幸せですが、ある一定の水準を超えると、所得は幸福度に影響を与えないということです。お金がたくさんあっても幸せになるとは限らないのです。

経済成長と幸福度は比例しない

所得は高いほうが幸福度は高いけど、ある程度まで来ると、幸福度とは関係ないということがわかりました。では、戦後の日本は高度経済成長といわれるように、豊かになってきましたが、幸福度は上昇し続けてきたのでしょうか？

次のページの図で示したように、**1人あたりの豊かさは上昇し続けているのに対して、幸福度はほぼ変化していません**。人々が豊かになっても、人々は幸福にはなっていないというような関係は、**幸福のパラドックス**といわれています。

＋αのレッスン　国によって頭打ちになる金額に違いはありますが、多くの国で幸福度の上昇の頭打ちが見られます。

● 幸福度と所得の関係

■ 日本における幸福度と1人あたり所得の関係

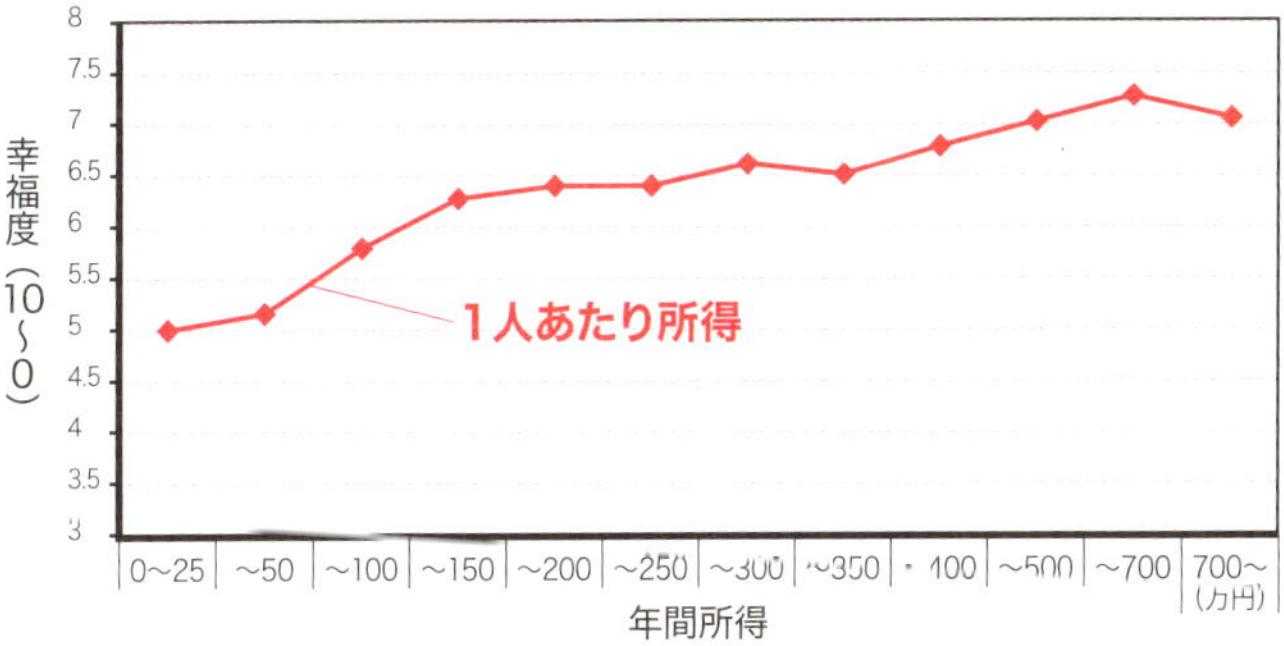

■ 日本における満足度と1人あたり実質GDP（豊かさ）の推移

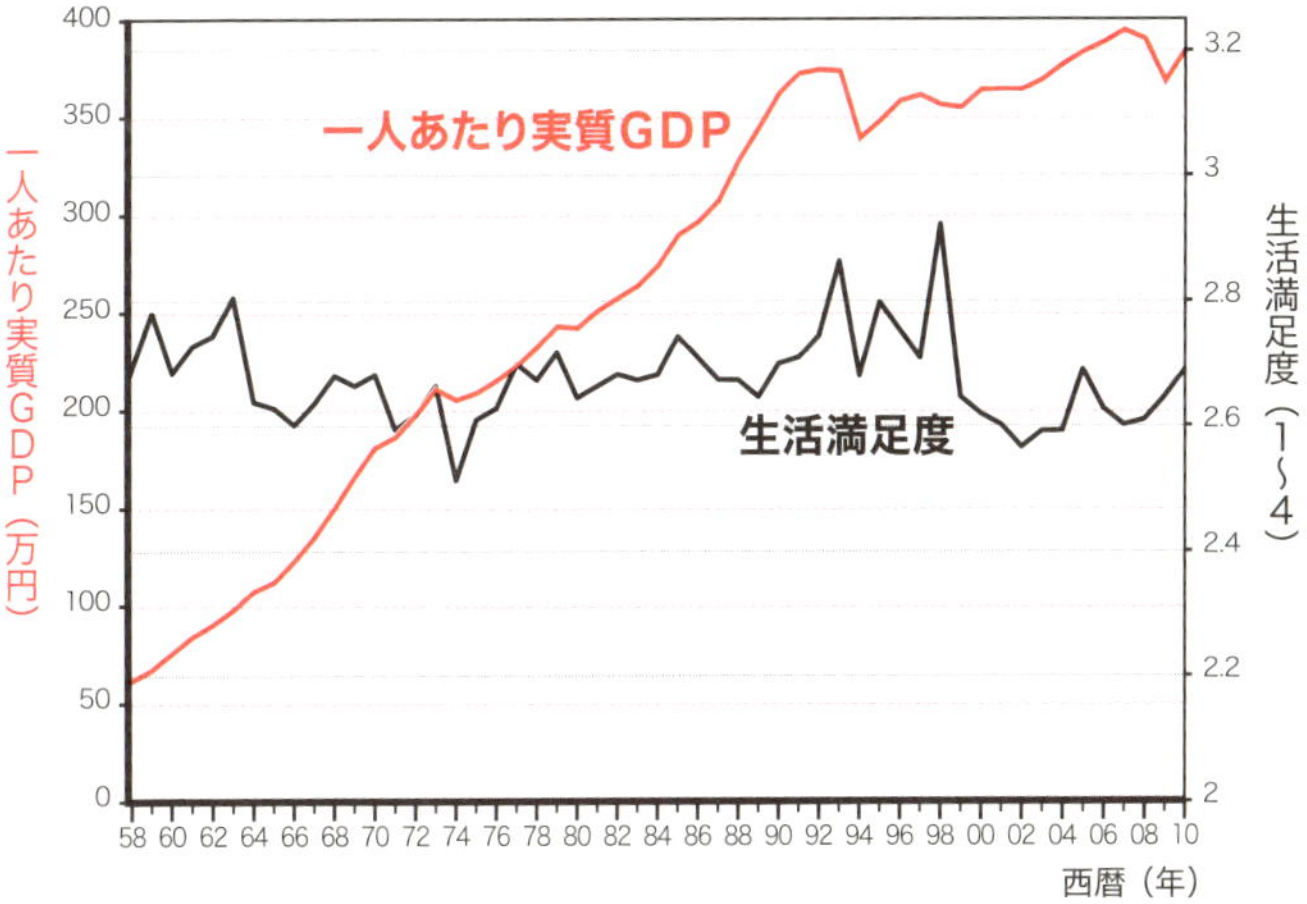

満足度はWorld Database of Happinessより、1人あたり実質GDPは内閣府「国民経済計算」と総務省「人口推計」より筆者らが算出。

参考：大竹文雄ら（2010）『日本の幸福度』

+αのレッスン

日本だけではなく、各国の1人あたりGDPと幸福度の関係を見ても、同様のパラドックスが観察されます。

慣れるのか、戻るのか
幸福度は上がり続けない

豊かさに慣れてしまう順応仮説

所得が増えたり、豊かになったりしても、幸福度が高くなり続けないのは、なぜでしょうか？　その答えの1つに、**順応仮説**があります。**順応仮説とは、豊かになっても、しばらくすると、その豊かさに慣れてしまうというもの**です。

豊かさに慣れてしまうのは、**目標水準仮説**で説明されます。目標年収額を達成すると、幸福度は上がります。しかし、**しだいに、その目標額では満足できなくなり、さらに高い目標額を求めてしまいます**。目標額との差がふたたび生じて、幸福度は下がってしまうというわけです。

基準点に戻るという考え方もある

順応仮説は、**基準点仮説**で説明されることもあります。**人それぞれに幸福度の基準点があり、うれしい出来事や悲しい出来事があると、一時的にその基準点からズレますが、時間がたつと、元の基準点に戻る**という考え方です。

結婚のようなうれしい出来事があると、幸福度は上がりますが、しばらくすると、幸福度は元の水準に戻ってしまうことが知られています。裏返しで、離婚や失業というような悲しい出来事があっても、数年後には元の幸福度の水準に戻るということも知られています。

悲しいことがあってもいずれ元の水準に

+αのレッスン ミシガン大学のマイルズ・キンボールは、個人的なニュースの影響は、ニュースのあった日から4日程度しかないことを明らかにしています。

● 順応仮説

■ 目標水準仮説による説明

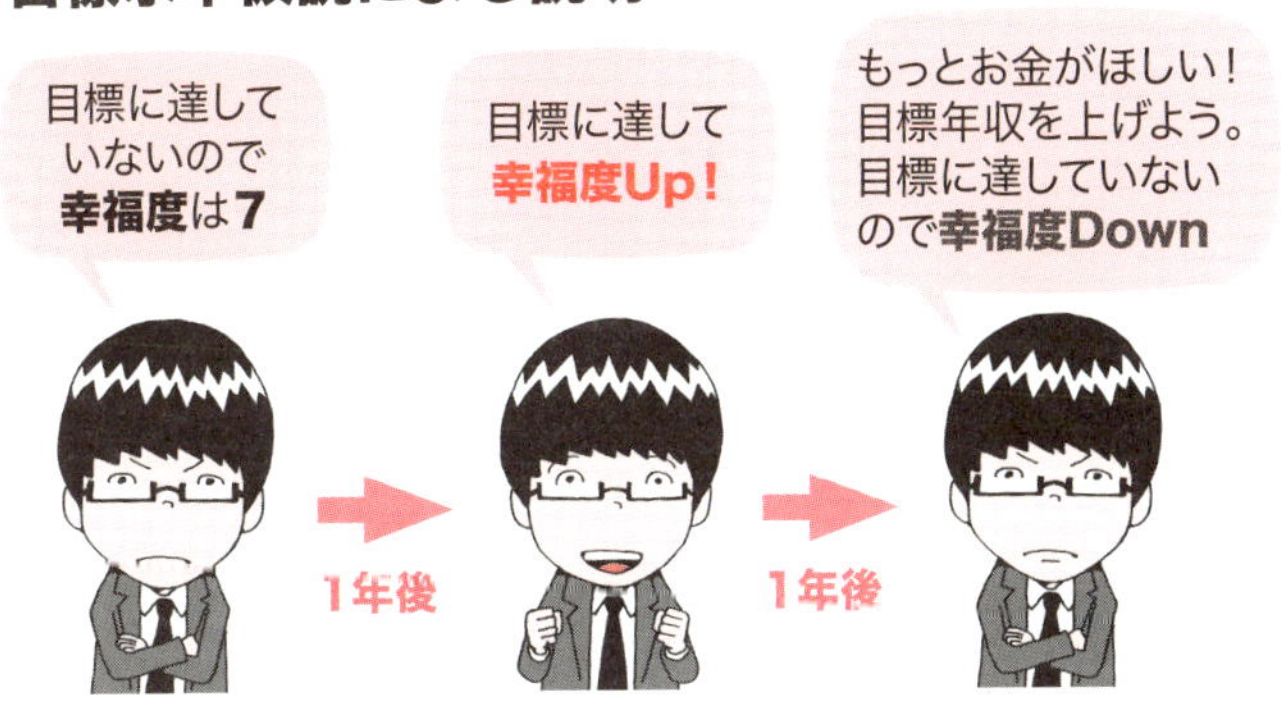
目標に達していないので幸福度は7
目標に達して幸福度Up!
もっとお金がほしい！目標年収を上げよう。目標に達していないので幸福度Down
1年後
1年後

現在年収：300万円
目標年収：350万円
幸福度：7

現在年収：350万円
目標年収：350万円
幸福度：8

現在年収：350万円
目標年収：400万円
幸福度：7

■ 基準点仮説による説明

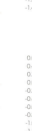

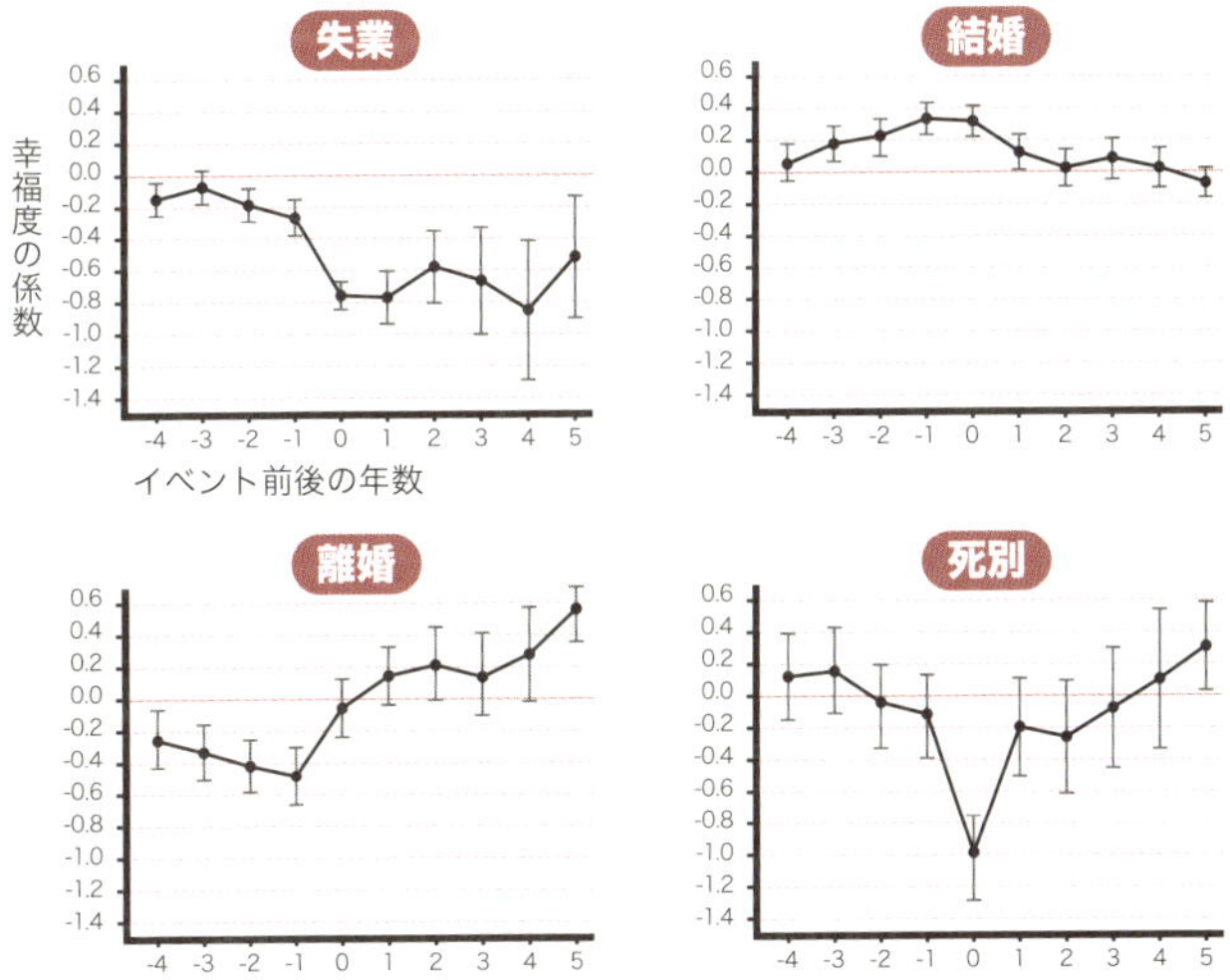
失業
結婚
離婚
死別
幸福度の係数
イベント前後の年数
0.6
0.4
0.2
0.0
-0.2
-0.4
-0.6
-0.8
-1.0
-1.2
-1.4
-4 -3 -2 -1 0 1 2 3 4 5

Clark et al. (2008)

+αのレッスン **アンドリュー・クラーク**：イベント後の幸福度についての調査を行った研究の中心人物。パリ経済学校の教授。

WORKPLACE / TEAM

自分も給料が上がったけど みんな上がったからふつう

比較対象によって幸福度が変わるかも

他人と比較してしまう相対所得仮説

幸福のパラドックスを説明するもう1つの答えに、**相対所得仮説**があります。**相対所得仮説とは、豊かさや所得の絶対水準だけではなく、他人と比較した相対的な水準にも幸福度は依存するというもの**です。

AさんとBさんの2人だけの世界を考えてみましょう。ある年の月収がAさんは25万円で、Bさんは23万円だったとします。次の年の月収は、Aさんは30万円で、Bさんは28万円になったとします。2人とも月収が5万円上がったので、幸福度は上がりそうです。

近所の人を比較対象とする人が多い

絶対所得は5万円上がりましたが、AさんとBさんの月収の差は、2万円のままです。相対所得仮説に基づくと、相対的な所得は変わっていませんので、2人とも幸福度に変化はないと考えられます。

現実の世界では、**近所の人を比較対象として相対的な位置を判断することが多い**と知られています。近所の人の所得を知らなくとも、たとえば、近所の人がもっている車と自分の車を比較して、幸福度が上がった（下がってしまった）ことはないでしょうか？

+αのレッスン 比較対象として二番目に多く挙げられるのは、日本人の平均です。ちなみに国税庁によると、2017年の給与所得者の平均年収は432万円でした。

● 相対所得仮説

月収
25万円
月収
23万円
1年後……
月収
30万円
月収
28万円
差は2万円のまま！

月収が増えたので、幸福度は高くなりそうに思える。
しかし、2人の間の差は2万円で変わらないので、
幸福度に変化はないかもしれない。

+αのレッスン 相対所得以外に、たとえば、他人と比較した相対的な地位なども幸福度に影響します。

WORKPLACE/TEAM

コメディーを見ると生産性が上昇する？

幸せになると生産的になる

幸福度が年齢や所得の影響を受けることを見てきましたが、**幸福度は生産性に影響を与える**ことが知られています。**幸せな人ほど生産性が高いというだけでなく、今の幸福度が低くとも幸福度が上昇すると、生産性が高まる**そうです。

学生被験者を集めて、コメディーを見せて幸福度を高めるグループと、幸福度に影響を与えないような映像を見せるグループに分けます。映像を見た後に、足し算をするという課題を行いました。すると、**コメディーを見た学生のほうが正答率が高かった**のです。

幸せになると我慢強くなる

幸せになると、我慢強くなるという研究結果もあります。先ほどの実験と同じように、コメディーを見せるグループと幸福度に影響を与えないような映像を見せるグループに被験者を分けます。映像を見た後に、時間割引率を計測すると、**コメディーを見せて、幸福度が上がったグループのほうが、我慢強くなった**のです。

幸せになるようなことを行ってから1日のスタートを切ると、将来のことを考えた行動ができたり、生産的な一日が過ごせたりするかもしれません。

仕事前に幸福度の上がる行動を

+αのレッスン
幸福度の上がる行動として、デート、家族や友人との団らん、食事などが挙げられます。

● コメディーを見ることで生産性が上がる

コメディーを見て幸福度が上昇

実験では正答率がUpした＝**生産性が高まる**

+αのレッスン 幸福のパラドックスは、順応や相対的評価に強く影響され生じるものです。生活水準や経済状況が重要ではないという結論にはなりません。

コミットメントデバイスを利用
働き方改革の行動経済学

▶時間非整合的な人の残業

長時間労働の是正を目指した働き方改革が叫ばれています。長時間労働を防ぐために、行動経済学の知見を活《い》かすことはできないでしょうか？　長時間労働を行う人は、夏休みの宿題を後回しにしていた人や、他人を気にするといった行動経済学的な特性をもっていることが著者らの研究で明らかとなりました。

夏休みの宿題を後回しにしていた人は、仕事を先送りにして、長時間、働いてしまっているのかもしれません。先送りを防ぐ工夫として、コミットメントの活用が有効です。タスクに細かな締め切りを設けたり、目標を達成するために、いつ、どのような行動を取るかという実行意図の記入を求めたりなどのコミットメントデバイスを提供することが効果的だと考えられます。

▶他人との同調による残業

他人のことを気にする人は、仕事が終わっていても、同僚や上司が職場に残っていると、先に帰りづらいのかもしれません。みんなが残業しているから自分も残業しているわけですので、みんなが残業しなければ自分も残業しないというふうになるでしょう。たとえば、残業している人に対して、「あなたはほかの社員よりも多く残業しています。残業をしている人は少数派」というようなメールを送ることが長時間労働の是正に役立つと考えられます。

2章

顧客を動かす行動経済学

執筆　山根承子
Shoko Yamane

たいしてほしくもないのに衝動買いしてしまった。明らかにオトクな商品を見逃してしまって後悔した。そんな経験はありませんか？　この章の前半では不確かな状況での人の行動の癖とそれを表した理論を紹介し、後半ではその癖が消費者の行動にどのような影響を与えているかを見ていきます。

MOVE CUSTOMERS

えっ……そりゃないっスよ!!
ガターン!!!
C社は割高だから選ばないって言ってたじゃないですか!!
いやぁそれがね～
あらためて向こうの話を聞いてみたらさぁ……
今ならば新製品をセット価格で売ってくれるって言うのよ！
C社の営業
問題があれば期間限定サービスで返金保証も付けるって
見逃したら損でしょ？
え？それむしろ出費増えてるんじゃ……
ま、そういうわけだから……悪いね宮田くん
いや、あのちょっと待っ……!!
ツーツー

今月のノルマなんとか達成できたと思ったのに
すべてが水の泡……
相手の営業……
なかなかたくみに人の思考の癖を突いてきますね
——なんでいるんスか先生……
アナタこそ何？ その無気力反応
「ツッコミは相手の目を見て」って学校で習わなかった？
習ってないです
ドン!!
今回、宮田さんがお客さんを取られた理由も
行動経済学で説明できるんですよ!!
へー……
すーん…
だからリアクション薄いってー!!

MOVE CUSTOMERS

ノーベル経済学賞を取ったカーネマンは何をしたのか

人の思考の癖を知ることができる理論

私たちの予想には癖がある

私たちの日常に、確実なことというのはほとんどありません。私たちはつねに未来を予想し、その予想に基づいて行動しています。

その予想の仕方にある一定の癖があることを発見し、不確実な状況における人間の意思決定をうまく記述することに成功した**ダニエル・カーネマン**は、２００２年にノーベル経済学賞を受賞しました。**プロスペクト理論**と呼ばれるそのモデルには、確率やリスクに関する人間の癖がたくさん入りこんでいます。

不確実な世界での振る舞い

人が不確実な状況で取る行動を予測しようとする試みは、これまでに多くの研究者が挑んできました。理論が構築されるたびに現実との乖離が付きつけられ、少しずつ修正されてきました。この章では身近な例などを踏まえながらそれらを追っていきます。

私たちはなぜ、変化を嫌うのでしょうか？ 私たちはなぜ、「確実にもらえるなら少ないお金でもいいかも」と思ってしまうのでしょうか？ 私たちは確率をどのように「感じて」いるのでしょうか？

+αのレッスン **ダニエル・カーネマン**：その業績の多くは、エイモス・トゥバスキーとの共同研究です。2002年にはトゥバスキーはすでに亡くなっていたため、カーネマンのみが受賞。

● 不確実な状況での意思決定モデル

不確実な状況下での意思決定モデルは何度も構築され、そのたびに問題にぶつかり、修正が試みられてきた。この章ではそれらを順番に、身近な出来事なども例に出しながら紹介していく。

人間は不確実な状況で
どのように振る舞うのだろうか?

↓

「期待値」で説明できるのでは?

↓

ベルヌーイ

うまくいかない例の発見
……サンクトペテルブルクの
パラドックス

↓

「期待効用」で説明できるのでは?

↓

アレ

うまくいかない例の発見
……アレのパラドックス

↓

カーネマン

「プロスペクト理論」で
説明できるのでは?

+αのレッスン **ノーベル経済学賞**:正確にはスウェーデン国立銀行設立の賞でノーベル基金から賞金が出ているわけではありません。2000年代までは主流派経済学者の受賞が目立つ。

お金がどんどん増えるすばらしいゲーム

倍倍ゲームをしてみよう

今からあなたに、「**倍倍ゲーム**」に参加してもらいます。まずあなたには10円が渡されます。次にサイコロを振ります。奇数が出たら、ゲームはそこで終わりです。そのときに所持しているお金をもって帰ることができます。偶数が出たらあなたのお金は倍になり、さらにもう一度サイコロを振ります。奇数が出ればそこで終わりですが、偶数が出ればまた所持金は倍になり、もう一度サイコロを振ります。つまり、**偶数を出し続ける限りこのゲームは終わらず、しかもお金はどんどん増えていく**のです！

参加費をいくらまでなら払えるか

じつはこのゲームには参加費が必要です。いくらまでだったら払ってもいいと思いますか？周りの人にも聞いてみてください。きっと10円や100円という答えが多く、1000円以上を支払う人はほとんどいないでしょう。

しかし**数学的な予想は、「人は参加費がいくらであっても支払い、このゲームに参加する」なのです**。理論が私たちの行動をまったく説明できていません。**現実を記述するのに重要な何かが、理論から抜け落ちている**のでしょう。いったい何が足りないのでしょうか？

理論的には絶対参加。だけど魅力を感じない

+αのレッスン サイコロの1～6の目が出る確率は単純で、サイコロが精確につくられていれば、すべての目が1/6ずつです。奇数も偶数も3面ずつなので、それぞれ確率は1/2です。

● 倍倍ゲーム

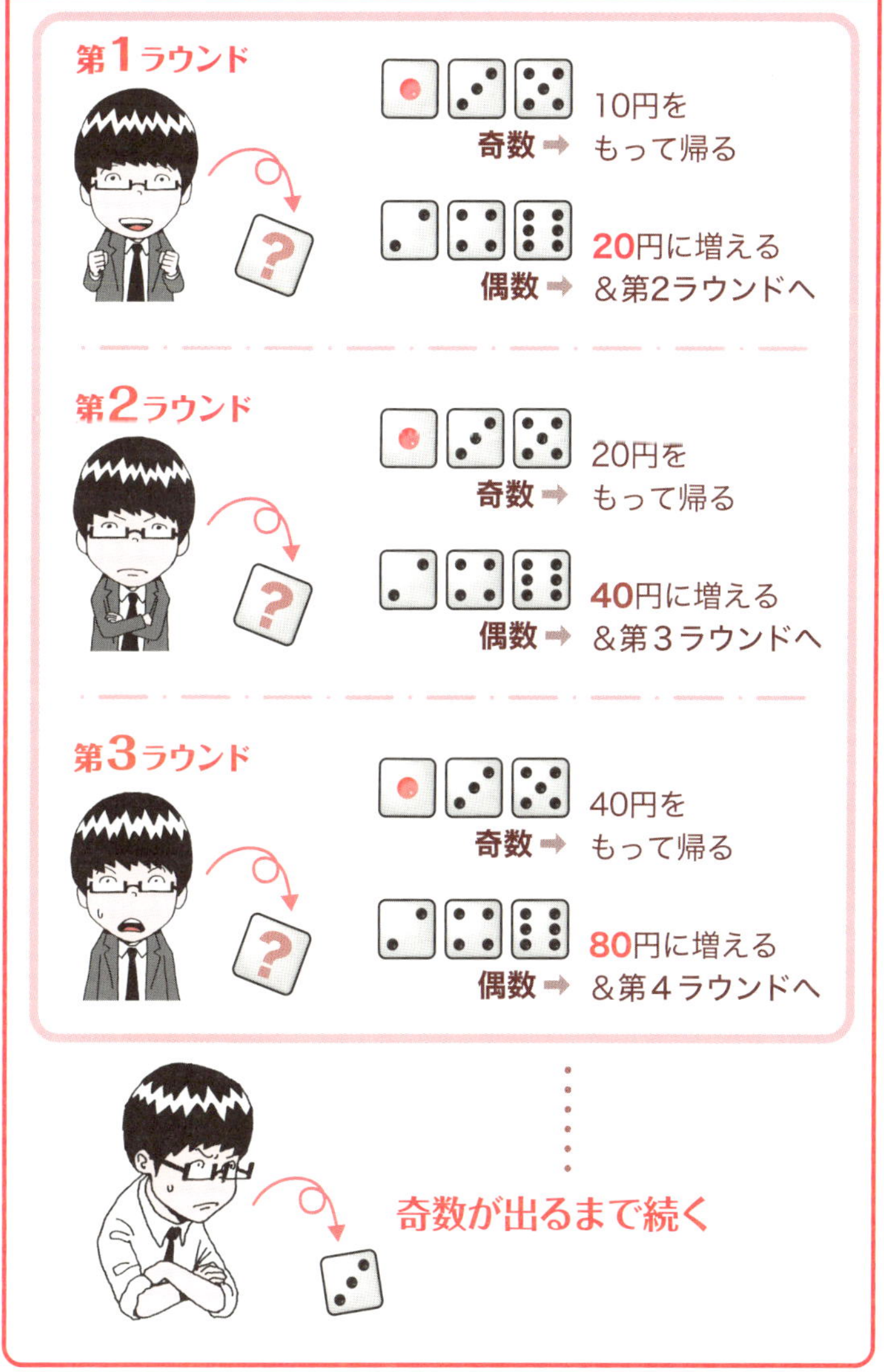
第1ラウンド
奇数→ 10円をもって帰る
偶数→ 20円に増える&第2ラウンドへ
第2ラウンド
奇数→ 20円をもって帰る
偶数→ 40円に増える&第3ラウンドへ
第3ラウンド
奇数→ 40円をもって帰る
偶数→ 80円に増える&第4ラウンドへ
奇数が出るまで続く

+αのレッスン 2回連続で偶数が出る確率は1/2×1/2＝1/4です。3回連続で偶数が出る確率はさらに1/2をかけるので、1/8になります。以降も同様に1/2をかけていきます。

MOVE CUSTOMERS

見込み額を計算して不確実なものを評価する

もらえるお金の平均値＝期待値

期待値という考え方を使って、「倍倍ゲーム」をもう少し詳しく見てみましょう。たとえばある部屋に１００人の人がいて、「コインを投げ、表が出たら１０００円、裏が出たら０円」というゲームを１人ずつ行っていくとします。表が出る確率と裏が出る確率は半々ですから、おそらく50人が１０００円を手に入れ、残りの50人は何ももらえないでしょう。このとき、この部屋にいる人の平均獲得金額は５００円になります。この**「もらえるお金の平均値」を期待値といいます**。

期待値でくじのよさがわかる

起こりうるすべての可能性について、それが**得られる確率とそのときの賞金額を掛け算し、それらを足し合わせることで期待値が計算できます**。たとえば「５枚のくじのうち１枚が１等で1万円、２枚が2等で５０００円、２枚がはずれで何ももらえない」という福引Ａの期待値は４０００円になります。

つまり**期待値はどの程度の収益が見込まれるのかを表し、くじの評価に使えます**。たとえば左のページのような別の福引Ｂと比べて、どちらがよいくじかを判断することができます。

不確かなものでも比較はできる

+αのレッスン
期待値：たとえば、日本の宝くじの期待値は150円前後です。また最近では、ソーシャルゲームのガチャなどでも期待値を利用できます。

● 期待値の計算

福引A	福引B
10,000円 × 1枚	6,000円 × 1枚
5,000円 × 2枚	2,000円 × 1枚
はずれ × 2枚	1,000円 × 1枚

福引Aの期待値

$$\left(\frac{1}{5} \times 10{,}000\right) + \left(\frac{2}{5} \times 5{,}000\right) + \left(\frac{2}{5} \times 0\right)$$

$$= 4{,}000$$

福引Bの期待値

$$\left(\frac{1}{3} \times 6{,}000\right) + \left(\frac{1}{3} \times 2{,}000\right) + \left(\frac{1}{3} \times 1{,}000\right)$$

$$= 3{,}000$$

■ それぞれのくじを引く確率　■ 賞金額

+αのレッスン **ベルヌーイ**：数学や統計学ではベルヌーイという名前がこの章に関連するのはダニエル・ベルヌーイですが、ほかにも多数のベルヌーイ氏が存在します。

MOVE CUSTOMERS

お金が無限にもらえるのに誰も参加しない

倍倍ゲームの参加人数を増やすと

それでは先ほどの「倍倍ゲーム」の期待値を求めてみましょう。1万人がこのゲームに参加したとすると、もらえるお金とその人数は左のページのようになります。1万人で考えると13ラウンド程度で終わってしまいますが、100万人が参加したとするともっと先のラウンドまでたどりつき、もっと高額の賞金を手にする人がいるはずです。**参加者が1億人いれば、さらに先のラウンドまで行く人が現れるはずです。このようなとき、「1人あたりの平均賞金額」は計算できるでしょうか。**

倍倍ゲームの期待値は無限大

じつはこの**「倍倍ゲーム」の期待値は無限大**になります。期待値が無限大のゲーム。つまり、**無限大のお金を得るチャンスがあるゲーム**。参加費が1万円でも10万円でも、当然参加すべきです。なぜ誰も、このゲームに参加しないのでしょうか？　これを**サンクトペテルブルクのパラドックス**といいます。

期待値から導かれる単純な予測は、なぜ私たちの行動と一致しないのでしょうか？　私たちは本当に、期待値を基にして行動を決定しているのでしょうか？

期待値だけでは人の行動は測れない

+αのレッスン

パラドックス：正しい前提から正しい推論を行っていったのに、誤った結論が導かれること。SF小説ではよく「タイムパラドックス」が使われています。

● 倍倍ゲームに1万人が参加した場合

10,000人中

5,000人 ➡ 第1ラウンドで終わる　（10円獲得）

2,500人 ➡ 第2ラウンドで終わる　（20円獲得）

1,250人 ➡ 第3ラウンドで終わる　（40円獲得）

625人 ➡ 第4ラウンドで終わる　（80円獲得）

312人 ➡ 第5ラウンドで終わる（160円獲得）

⋮

さらに参加者が増えていったらどうだろう。
「1人あたりの平均賞金額」は？

$$\left(\frac{1}{2}\times 10\right)+\left(\frac{1}{4}\times 20\right)+\left(\frac{1}{8}\times 40\right)+\left(\frac{1}{16}\times 80\right)+\left(\frac{1}{32}\times 160\right)+\cdots\cdots\cdots$$

$$=\text{無限大}$$

+αのレッスン　**サンクトペテルブルク**：ロシア西部にある都市。このパラドックスを発見したダニエル・ベルヌーイが当時この町に住んでいました。

MOVE CUSTOMERS

行動を見つめ直すための心理学

結び付いた物理量と主観的経験

心理学の前身である**精神物理学**は、客観的で物理的な世界と、**主観的経験**とを関連付けることから始まりました。この対応関係がわかれば、人間の内面的な感覚を測定できるからです。

たとえば「光のエネルギー量（ルクス）」は**物理量**ですが、「明るさ」は主観的経験です。**同じ明るさを見ても、まぶしいと思うか暗いと思うかは個人によって異なります**。同じように「周波数」は物理量ですが、「ピッチ」は主観的経験といえます。同じ音を聞いても、高いと思ったり低いと思ったりします。

差ではなく割合が感じ方に影響

グスタフ・フェヒナーは、この物理量と主観的経験の対応関係を明らかにしました。たとえば音のボリュームを10から１００に増やしたときに「5うるさくなった」と感じたとします。ここからさらに「5うるさくなった」と思わせるためには、ボリュームを１９０にするのではなく、１０００にしなければならなかったのです。つまり、**差ではなく割合が大事**であることが明らかになりました。この対応関係は「**ウェーバー・フェヒナーの法則**」と呼ばれており、現在の心理学においても重要な法則です。

感じ方は人
それぞれだが
傾向はある

+αのレッスン

心理学：精神物理学でこのような研究がいくつか行われたのち、1879年にヴントがライプツィヒ大学に実験心理学の研究室をつくりました。心理学の始まりです。

● 物理量と感じ方の関係

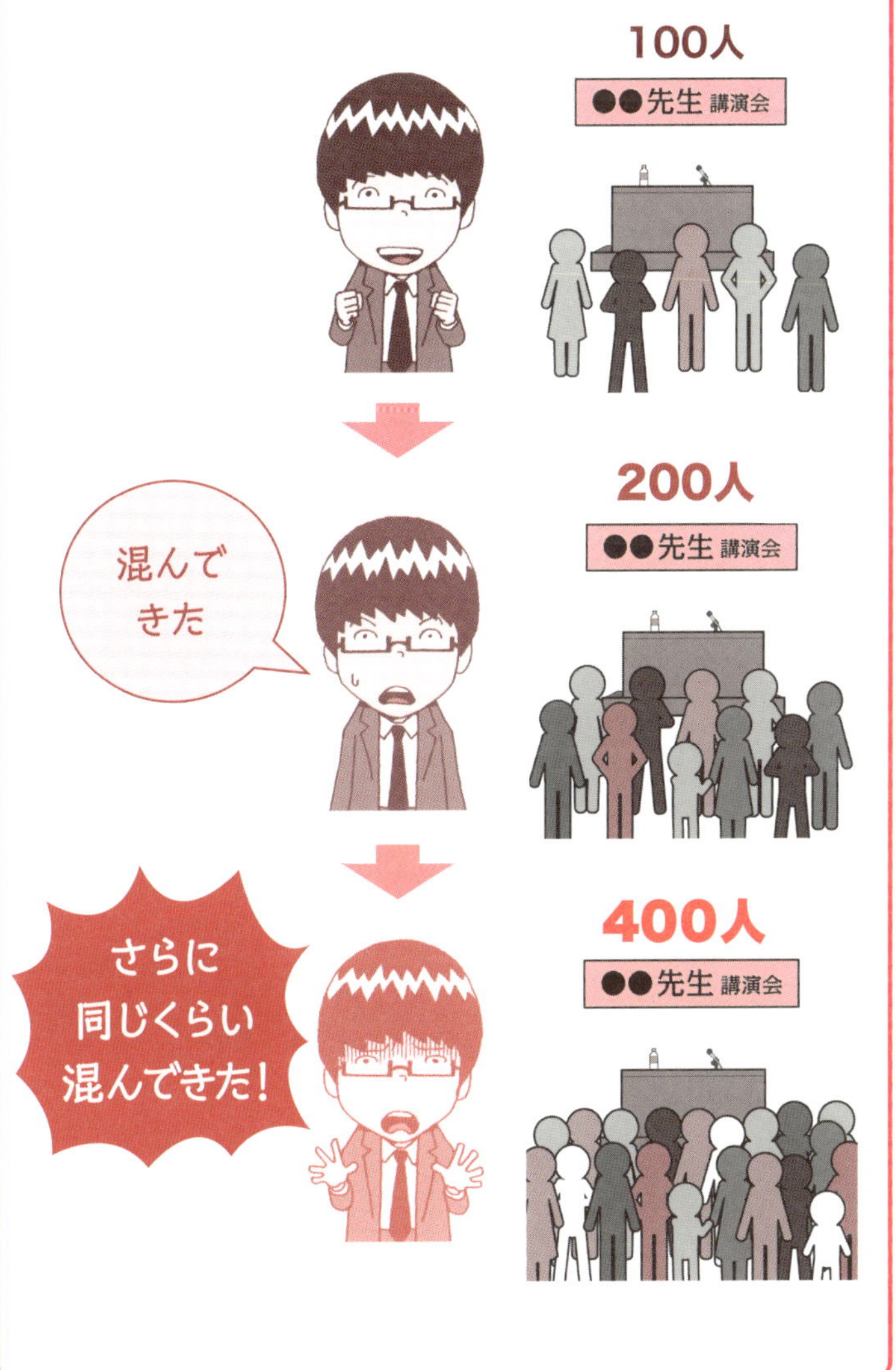

+αのレッスン **ウェーバー・フェヒナーの法則**：先にエルンスト・ウェーバーが発見した「ウェーバーの法則」というものがあり、それを元にフェヒナーが導出したのがこの法則です。

MOVE CUSTOMERS

ビールは一口目がめちゃくちゃおいしい！

お金とうれしさでも割合が大事

ベルヌーイは、フェヒナーが発見したのと同じことが金額と**効用**でも成り立っていることに気が付きました。**お金の額は物理量ですが、その額のお金をもらってどの程度うれしいかという「効用」は主観的経験**です。

100万円もっている人に10万円あげたときの効用は、200万円もっている人に20万円あげたときの効用と同じなのです。**10万円の価値はいつでも同じなのではなく、所持金の何％にあたるかという割合が重要**で、私たちはそれを気にしながら行動を決定しているのです。

変わっていく一口のインパクト

このベルヌーイの発見は「ビールの一口目がめちゃくちゃおいしい」ことと強く関連しています。ビールを3杯、4杯と飲んでいくとはじめのうれしさは感じなくなり、何も思わず飲むようになるでしょう。同じ一口でも、そこから得るうれしさが変わっていくことがわかります。

左ページの数値例で説明しましょう。**所持金が1万円のときは、1万円もらうとうれしさが20も増えますが、所持金が9万円もあると、1万円もらっても4しかうれしさが増えません。**

これを**限界効用逓減《ていげん》の法則**といいます。

本人の状態でもうれしさは違う

＋αのレッスン　**ビール**：ときどき経済学に登場します。ゲーム理論でも、喧嘩《けんか》が強い人はビールを飲み、弱い人はキッシュを食べると仮定するところから始まるゲームがあります。

● お金の効用はビールのおいしさと似ている

お金も同じ!

■ 所持金と効用の関係（例）

+1万円　　　　　　　　　　　　+1万円

所持金	1	2	3	4	5	6	7	8	9	10
効用	10	30	48	60	70	78	84	90	96	100

+20　　　　　　　　　　　　+4

所持金が１万円から２万円になると効用が「20」増えるが、９万円から10万円になっても「4」しか増えない。

+αのレッスン

限界効用：財を1単位（たとえば1万円や、ビールの一口）増やしたときに追加的に得られるうれしさのことです。これは効用関数を微分することで計算できます。

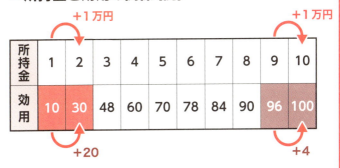

倍倍ゲームに参加しない理由は期待効用にある

期待値ではなく効用で動く

倍倍ゲームをなぜやらないのか？　は、ずっと説明できませんでした。しかし、私たち人間が期待値ではなく**期待効用**を大事にしていると考えればうまく説明できます。ゲームが進むにつれ、お金から得るうれしさが小さくなってしまいます。それを考慮することが重要なのです。

私たちは期待値（得られると期待できる金額）を最大化するようには動いておらず、期待効用（得られると期待できる効用）を最大化するように動いているのです。これを「**期待効用理論**」といいます。

所持金で変わる損失のインパクト

貧しい人ほど保険に入り、裕福な人は入らないという事実はよく知られています。じつはこれも、期待効用理論で説明できます。もしあなたが大富豪だったら、1万円なくしても何とも思わないでしょう。しかし、貧乏だったらそうはいきません。前ページと同じ数値例を使って見てみましょう。所持金が10万円だとすると、1万円の損失は効用を4下げます。所持金が3万円だとすると、1万円の損失は効用を18下げます。**所持金が少ないほど、1万円のインパクトが大きい**のです。

実際のお金よりうれしさが大事

＋αのレッスン **効用関数**：経済学では、ある人のうれしさに何がどのように影響しているかを効用関数で記述します。コブ＝ダグラス型やレオンチェフ型など様々なものがあります。

● 損失にも期待効用は関係している

■ 所持金と効用の関係（例）

所持金	1	2	3	4	5	6	7	8	9	10
効用	10	30	48	60	70	78	84	90	96	100

−1万円（3→2）　−18（48→30）

−1万円（10→9）　−4（100→96）

所持金が３万円のとき
１万円の損失は
効用を18下げる

所持金が10万円のとき
１万円の損失は
効用を４下げる

所持金が少ないときのほうが
同じ損失でもインパクト大

たとえばこんなところにも期待効用は影響している

＋αのレッスン　お金をたくさんもっているお客様より、そうでないお客様のほうが損失を恐れます。これを念頭に置きながら、それぞれに合った接客を行うと効果的かもしれません。

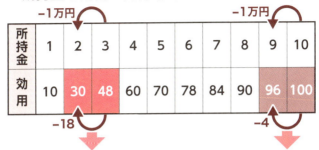

MOVE CUSTOMERS

期待効用理論とずれるアレのパラドックス

赤い石2個で2万円

左ページの問題1と問題2で、あなたはどちらを選びますか?

問題1では、ほとんどの人が赤い石が少ないAのつぼを選びます。**赤い石2個と引き換えに(つまり当たる確率の低下と引き換えに)、賞金が2万円増えるのであれば、喜んで石を減らす**ということです。しかし問題2では、多くの人はDのつぼを選びます。**2万円を犠牲にして赤い石を2個増やせるのであれば、そのほうがいいと考える**のです。赤い石2個と2万円、いったいどちらの価値が高いのでしょうか?

期待効用理論と合わない行動

問題1のつぼの37個の白い石を赤い石に交換すると、問題2のつぼになります。つまりもともと**AとC、BとDは同じつぼであり、Aのつぼを当たりやすくしたのと同じだけBのつぼも当たりやすくしたのですから、問題1と問題2の選択が異なるのはおかしなこと**です。問題1で赤い石が少ない方を好んだ人は、問題2でも赤い石が少ないつぼを好むはずです。

しかし実際には、私たちは「AとD」のような選択をしてしまいがちです。これを**アレのパラドックス**といいます。

100%は魅力的に感じる

+αのレッスン **アレのパラドックス**:アレが最初に提案した際はもっと複雑でした。意思決定に関するフォーラムで紹介され、多くの専門家が期待効用理論に合わない選択をしました。

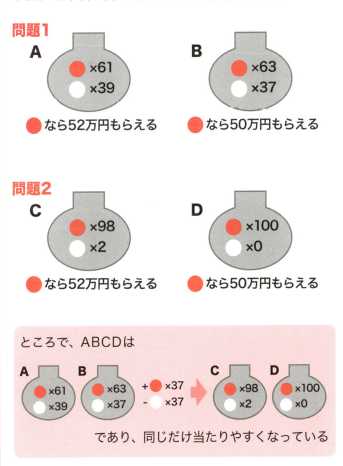

● アレのパラドックス

100個の石が入ったつぼから、目をつむって石を取り出す。赤い石ならあなたの勝ち、白い石ならあなたの負け。問題1と2では、それぞれどちらのつぼから引くだろうか？

問題1

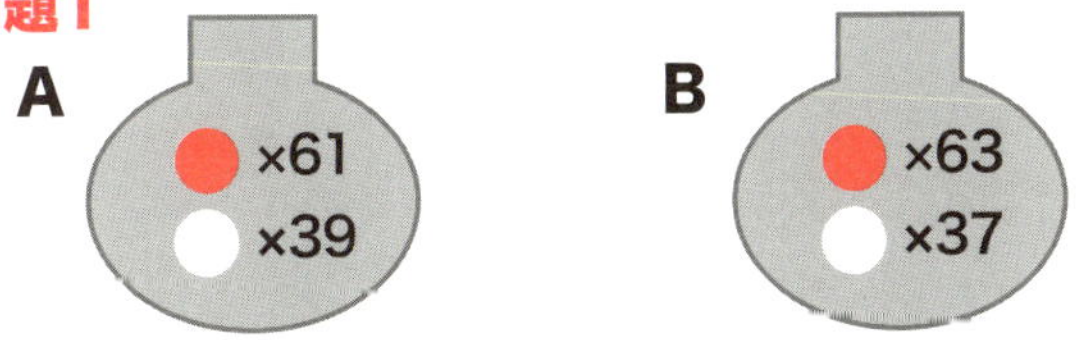
A
×61
×39
B
×63
×37

●なら52万円もらえる　　●なら50万円もらえる

問題2

C
×98
×2
D
×100
×0

●なら52万円もらえる　　●なら50万円もらえる

ところで、ABCDは

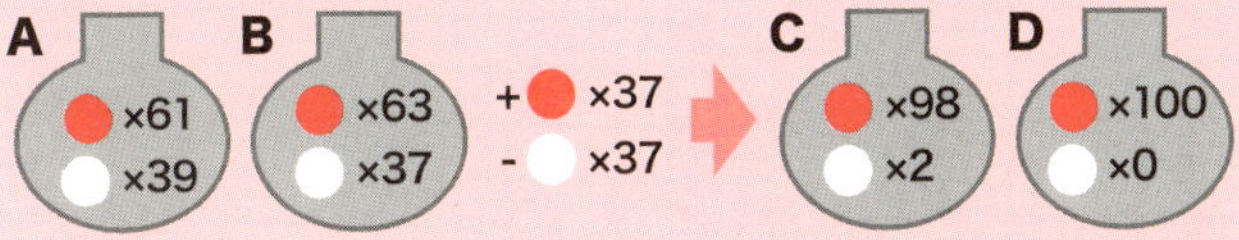
A
×61
×39
B
×63
×37
+ ×37
- ×37
C
×98
×2
D
×100
×0

であり、同じだけ当たりやすくなっている

+αのレッスン 現在、学術論文は通常英語で書かれますが、アレはこのパラドックスに関する論文をフランス語で執筆しました。原典にあたるにはフランス語を読む必要があります。

MOVE CUSTOMERS

さらに現実的なモデルへ プロスペクト理論の登場

確率と効用を
バージョン
アップ！

期待効用理論を修正する

　アレのパラドックスはふたたび、理論と実際の行動の差を明らかにしました。サンクトペテルブルクのパラドックスを解決した**期待効用理論でも、私たちの意思決定プロセスを完全には説明しきれない**のです。

　アレのパラドックスをうまく説明するためには、期待効用理論をどのように修正すればよいでしょうか？　期待効用理論は、確率と効用を用いて人々の行動を予測します。カーネマンとトゥバスキーは、確率と効用を修正することでパラドックスを解決しようとしました。

主観確率と価値関数

　期待値でなく期待効用を見ていたように、**私たちは確率そのものではなく主観確率に基づいて行動しています**。確率の受け取り方に癖があるということです。また、**私たちがどのようにうれしさを感じるかということは、従来の効用関数ではカバーしきれていない**ことがわかりました。効用関数をより現実に合致するように修正したものは**価値関数**と呼ばれ、3つの特徴をもっています。カーネマンとトゥバスキーが考えたこのような意思決定モデルは**プロスペクト理論**と呼ばれています。

+αのレッスン　**認知心理学**：カーネマンもトゥバスキーも認知心理学者でした。4章で紹介するヒューリスティックや、ストループ課題、ベイズの定理、幸福度に関する論文があります。

●プロスペクト理論とは

期待効用理論・・・・・・・・効用関数＋客観確率

アップグレード！

プロスペクト理論・・・価値関数＋主観確率

人間の意思決定の癖を考慮し、実際の行動により適合するようにアップグレードした。

とくに注目したいのが……
価値関数がもつ特徴

①お金がもらえるときとお金を失うときで分けて考える必要がある（S字型）

②1,000円もらったときのうれしさと、1,000円なくしたときの悲しさは釣り合わない（損失回避）

③判断の基準はそのときどきで変わっていく（参照点）

次のページからは、これらの特徴を詳しく説明

＋αのレッスン **ストループ課題**：青字で黄、赤字で緑と書いてあり、何色で書いてあるかを読み上げていく、という脳トレをやったことはありますか？ これがストループ課題です。

0%ではないことは行動を左右するほど魅力的

5%と0%では大違い

左ページのA～Cのくじを見てください。今から3つのうちどれか1つだけ、当たる確率を5%増やすことができるとします。あなたはどのくじを選びますか？　当たる確率を5%増やしたときのうれしさは、同じでしょうか？

期待効用理論は、「どれも同じぐらいうれしい」と判定します。しかし、**もらえる可能性がまったくなかったのに望みが出てくるAと、確実に当たるようになるCの変化は非常に大きいように思えます**。それに比べると、Bのくじの変化はあまり魅力的ではないように感じます。

5%のために大金を払う？

まずAのくじについて見てみましょう。**5%は低い確率ですが、実際よりも大きく感じてしまいます**。これを**可能性効果**といいます。たとえば、あなたが大きな手術をするとします。「手術が失敗する確率は5%」と言われることは、0%ではないという点で非常に気がかりです。10%の半分の危険性だとは思わず、もっと嫌なものに感じます。その可能性を消すためなら、期待値よりも多くのお金を払ってしまうでしょう。必要以上に高い保険に入るなどしてしまうかもしれません。

営業マンから悪用されないよう注意！

+αのレッスン　もう1つ、「5%で100万円もらえる」というくじDを考えてみましょう。このくじの当たる確率を5%増やすと「10%で100万円もらえる」になります。魅力的ですか？

● 小さい確率の感じ方の違い

次の3つのくじを引くことができる。

A：0%で100万円もらえる

B：60%で100万円もらえる

C：95%で100万円もらえる

このうち、1つだけは確率を5%上げることができる。
どれを選ぶだろう？

Aはもらえる可能性が出てくるな……
Cなら確実にもらえるようになるぞ！
AとCが魅力的なようです

+αのレッスン くじDを5%当たりやすくすると、当たる確率が2倍に増えたことになりますが、心理的にはどうでしょうか。2倍当たるようになったと感じますか？

確実なものが好きすぎて「ほとんど確実」は軽視される

MOVE CUSTOMERS

人間は「ハズレなし」が大好き

前ページのCのくじが当たる確率を5%増やすことがとても魅力的に見えたように、私たちは確実なものを好みます。これは**確実性効果**と呼ばれます。

93ページの問題で、すべてが赤い石のつぼ（ハズレのないつぼ）を選ぶ人が多かったことは、この確実性効果で説明できます。逆に2個だけハズレの白い石が入っているCのつぼは、魅力的に思えません。**98%は実際はほとんど確実に当たるものですが、もっと当たりにくいように感じてしまいます。**

元本保証が魅力的なのは確実性効果

ハズレをなくしてあげることは、多くの人にとって大きな価値をもちます。それゆえに、悪用されないように気を付けなければなりません。**投資などのリスクが付きまとう場面では、本当は確実ではないものが確実なもののように見せかけられていないか、注意が必要です。**

元本保証はまさに、この確実性効果を利用した商品でしょう。元本保証は魅力的に思えますが、そこには確実性効果が働いていることをきちんと理解したうえで、冷静に判断する必要があります。

確実が本当に得なのか冷静に判断

+αのレッスン 133人の大学生に「確実に3000円もらえる」のと「80%で4000円もらえる」のはどちらがよいか尋ねたところ、102人（約77%）の人が確実な3000円を選びました。

● アレのパラドックスと確実性効果

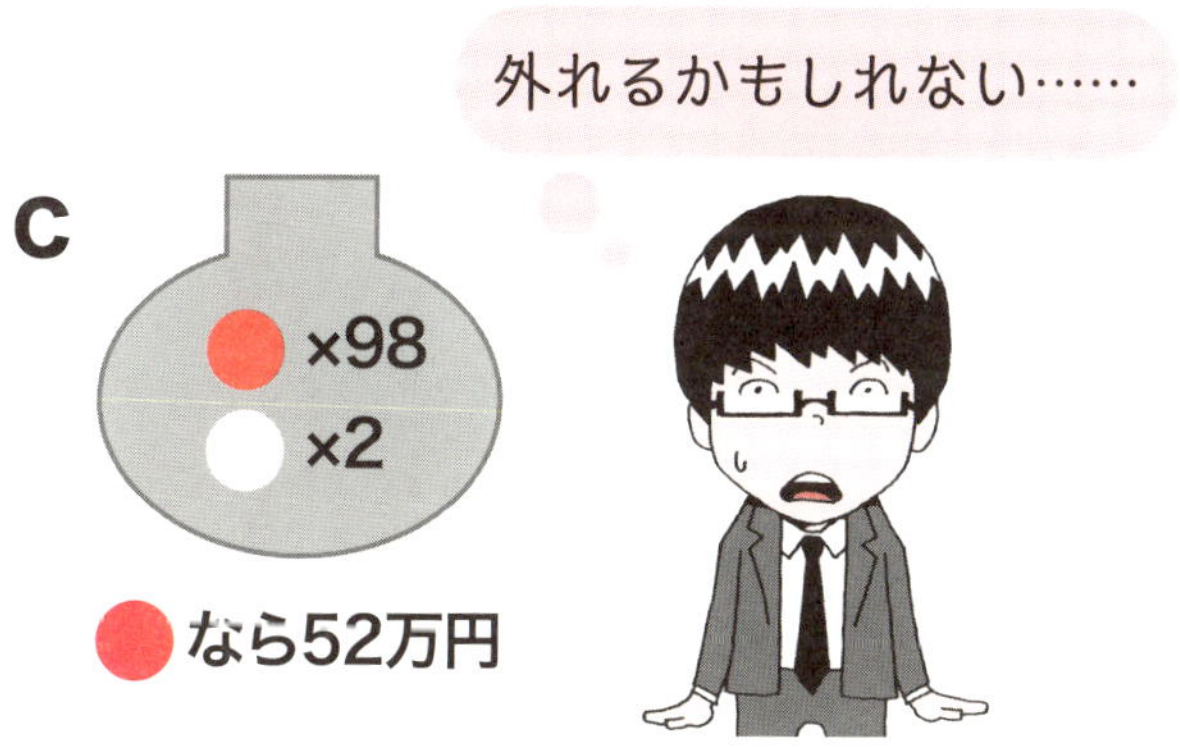
外れるかもしれない……
C
×98
×2
なら52万円

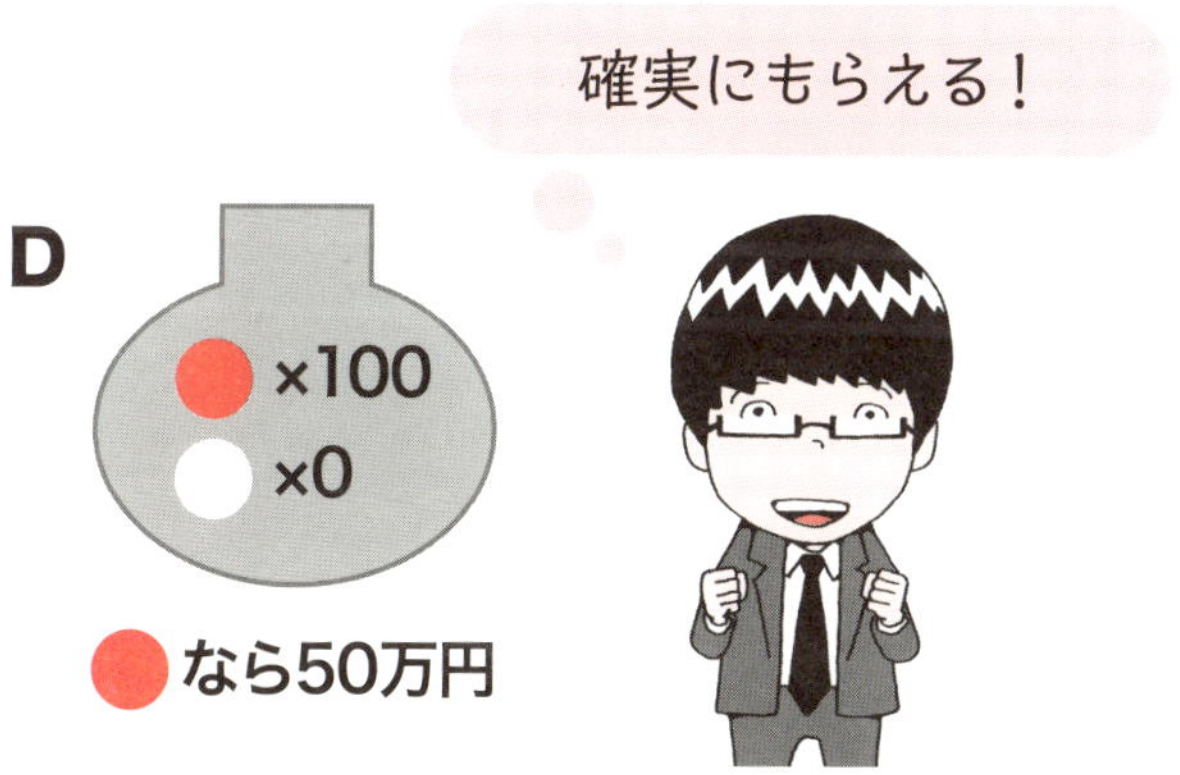
確実にもらえる！
D
×100
×0
なら50万円

93ページで見た問題で、多くの人がＤのつぼを選んだのも**確実性効果**によるもの！

Ｃは実際の確率より、すごくハズレそうな気がしてしまう。「ハズレなし」は特別！

+αのレッスン **確実性効果と可能性効果**：2つは表裏一体です。外れる小さい確率（2％）を過大評価するからこそ、ほとんど当たる大きい確率（98％）を過小評価してしまうのです。

MOVE CUSTOMERS

起こる確率が低いことは深く考えられなくなる

小さすぎる確率の差が苦手

さらに私たちは、**ものすごく小さな確率の違いについてあまり気にしないという癖をもっています**。たとえば「0・001の確率でガンになる」と言われるのと、「0・00001の確率でガンになる」と言われるのとは、ほとんど同じように感じるのではないでしょうか。実際は1000人に1人がガンになるか、10万人に1人がガンになるかという大きな違いがあります。確率をうまくイメージできないということはよくあるかもしれませんが、とくに非常に小さい確率では起こりやすいのです。

客観確率≠主観確率

このように、私たちの確率の感じ方にはいくつかの特徴があります。カーネマンとトゥバスキーは、その特徴を左ページのような図にまとめました。図からわかるのは、**実際（客観確率）よりも大きく感じるところもあるし、小さく感じるところもあるということです。そのズレは、とくに0と1の近くで大きくなっており、これが可能性効果と確実性効果を表します**。私たちはこの主観確率に基づいて行動しているので、客観確率を用いた期待効用理論の予測とは異なる行動を取ることがあるのです。

小さい確率は
表現を変えて
考えてみる

+αのレッスン

確率加重関数：主観確率と客観確率の対応を描いた左上の図は確率加重関数と呼ばれます。1979年の論文で主観確率の形状を明らかにし、1992年に修正しました。

● 主観確率のカタチ

0の近くと1の近くで、主観確率と客観確率が大きくずれている。

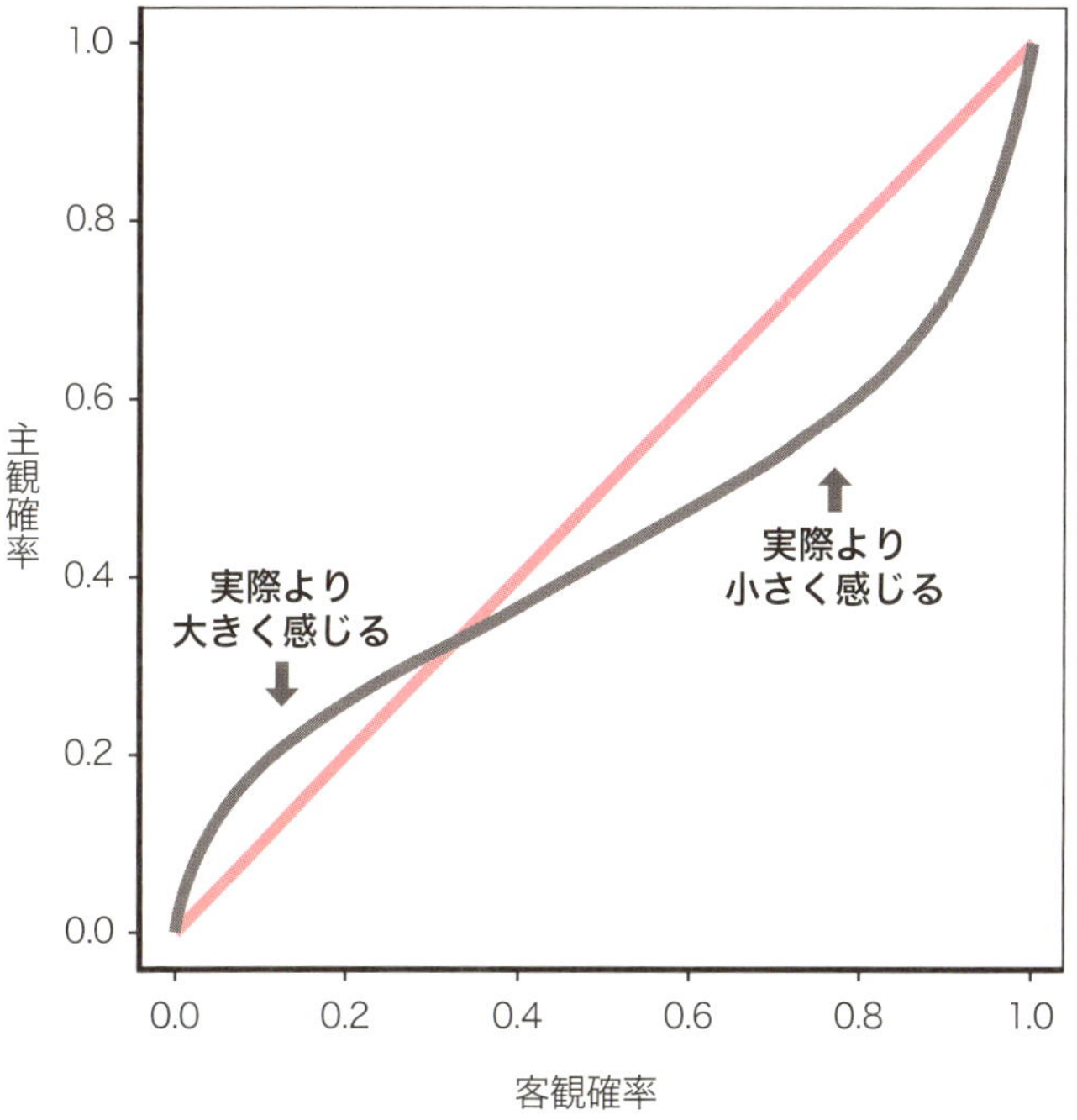

Tversky et al. (1992)

+αのレッスン
「弊社のプロジェクトが失敗する確率は0.001%と、他社の失敗確率0.0001%よりも少し高いですが、その分大きな利益が見込めます」……こんな悪用にも気を付けたいところです。

「いつでも確実なものが好き」とは限らない

助かる可能性に賭けたい

確実性効果のところで見たように、多くの人は確実なものを好むようです。しかし、どんなときもそうなのでしょうか？

あなたは何かの罰ゲームで、「損するくじ」を受け取らなければいけなくなったとしましょう。「80％の確率で4000円支払うかもしれないが、20％の確率で支払いが免除される」ものと、「確実に3000円支払う」ものではどちらがましでしょうか？　多くの人は前者を選びます。**「確実な損」は、まったく魅力的ではない**ようです。

リスクが好きなときも嫌いなときも

どうやら、**得する場合と損する場合でリスクへの好みが変わってしまう**ようです。私たちの行動を正しく把握するためには、お金をもらえるときとお金を失うときで分けて考えていく必要がありそうです。**お金をもらうときはリスクを避けて安全策を取りたがりますが、お金を失うときのリスクは好ましいものに感じます**。これを「利得局面では**危険回避的**」「損失局面では**危険愛好的**」と表現します。期待効用理論ではこれをとくに分けて考えていませんでしたが、プロスペクト理論では重要な区別になります。

プラスマイナスゼロにはどうしてもならない

＋αのレッスン

リスク：自分の置かれた状況がどの程度不確実なものかを指している。100万円確実にもらえるくじと150万円か50万円半々の確率のくじなら後者のほうが高い。

● 損をするか得をするかで判断が変わる

■ 損するくじ

くじA	くじB
・80%の確率で4000円支払う ・20%でセーフ（払わなくてよい）	・100%の確率で3000円支払う

A（不確実なほう）を
好む人が多い
＝**危険愛好的**

ちょっとでも
避けられる
ほうがマシ！

■ 得をするくじ

くじC	くじD
・80%の確率で4000円もらえる ・20%ではずれ（0円）	・100%の確率で3000円もらえる

D（確実なほう）を
好む人が多い
＝**危険回避的**

ハズレたら
嫌だな……

+αのレッスン
「莫大な利益が出るが、失敗する可能性の高いプロジェクト」と「ほぼ失敗しないが、利益は低いプロジェクト」。前者を選ぶ人は危険愛好的で、後者なら危険回避的です。

損失回避の性質があるのに偶然得をすると散財する

臨時収入は財布のヒモをゆるくする

とにかく損失を避けようとする

「1%の確率で100万円当たるかもしれません」と言われたとします。このときのワクワク感は、「ほぼ確実に100万円当たりますが、1%の確率で外れます」と言われたときのハラハラ感と同じ大きさでしょうか。きっと、ハラハラ感のほうが大きいのではないでしょうか。

カーネマンたちが測定したところ、**損失は利得の約2倍のインパクトがある**ことがわかりました。これにより**私たちはとにかく損失しないように行動してしまう**ので、この性質は**損失回避**と呼ばれています。

あぶく銭は惜しくない

偶然手に入れたお金やギャンブルで手に入れたお金だと、損失による痛みが小さいことが知られています。これを**ハウスマネー効果**といいます。あるものを買いに行ったらたまたまセールをしていて安く買えたので、浮いたお金で豪華なランチをしてしまった経験はないでしょうか。思いがけず事業が成功したときや、予想外に投資で利益を得たときは、いつもと違う判断をしてしまっているかもしれません。ハウスマネー効果は、**メンタルアカウンティング**とも密接に関係しています。

+αのレッスン

ボーナスが入った後は、ハウスマネー効果に気を付けたほうがよいでしょう。この効果を期待して、いつもより高めの商品を並べている店もあるかもしれません……。

● 損失は取り戻しても癒やされない

1万円なくしたときの悲しさ

この2つは等しくない。
損失のインパクトは
利得の **約2倍!**

1万円もらったときの喜び

1万円なくした心の傷を癒やすためには、2万円プレゼントしないといけません

+αのレッスン **メンタルアカウンティング**：人には使い道や出どころの異なるお金をカテゴリ化する傾向があり、それぞれ使い方が違ってくるという性質。

MOVE CUSTOMERS

過程によって うれしさが変化

同じ昇給の受け止め方が異なる

あなたは月収が20万円の仕事に就いているとしましょう。ある月、突然あなたの給料が23万円に上がりました。どうでしょう？ うれしいですよね？

しかしもし、**風の噂《うわさ》で「来月から25万円に上がるかもしれない」と聞いていたとしたらどうでしょう。「なんだ23万円か」と思うのではないでしょうか**。

どちらの場合も、「月収が3万円上がった」という事実は同じです。しかし、この2つの場合の効用は同じではありません。

判断の基準となる参照点

期待効用理論では、今もっている富の量（ここでは月収の絶対額）で効用が決まると考えます。しかし実際は、何も聞かされていなかった場合はうれしく、後者はたいしてうれしくないと思うはずです。この差には明らかに「風の噂」が影響しています。**「25万円になるかも」という情報によって、私たちは月収25万円の生活を想像してしまったのです。このような「判断の基準となるもの」を、参照点と呼びます**。

左の例からもわかるように、お金の絶対額が問題なのではなく、過程が重要なのです。

人事考課の
情報には
注意！

＋αのレッスン

参照点：過去の裕福な暮らしや栄光にとらわれている人は、参照点に大きな影響を受けているといえるでしょう。また、目標や野望も参照点になりえます。

● 参照点による効用の違い

効用を考えるときには、基準となる数値から
いくら上がったか（利得）、下がったか（損失）が影響する。

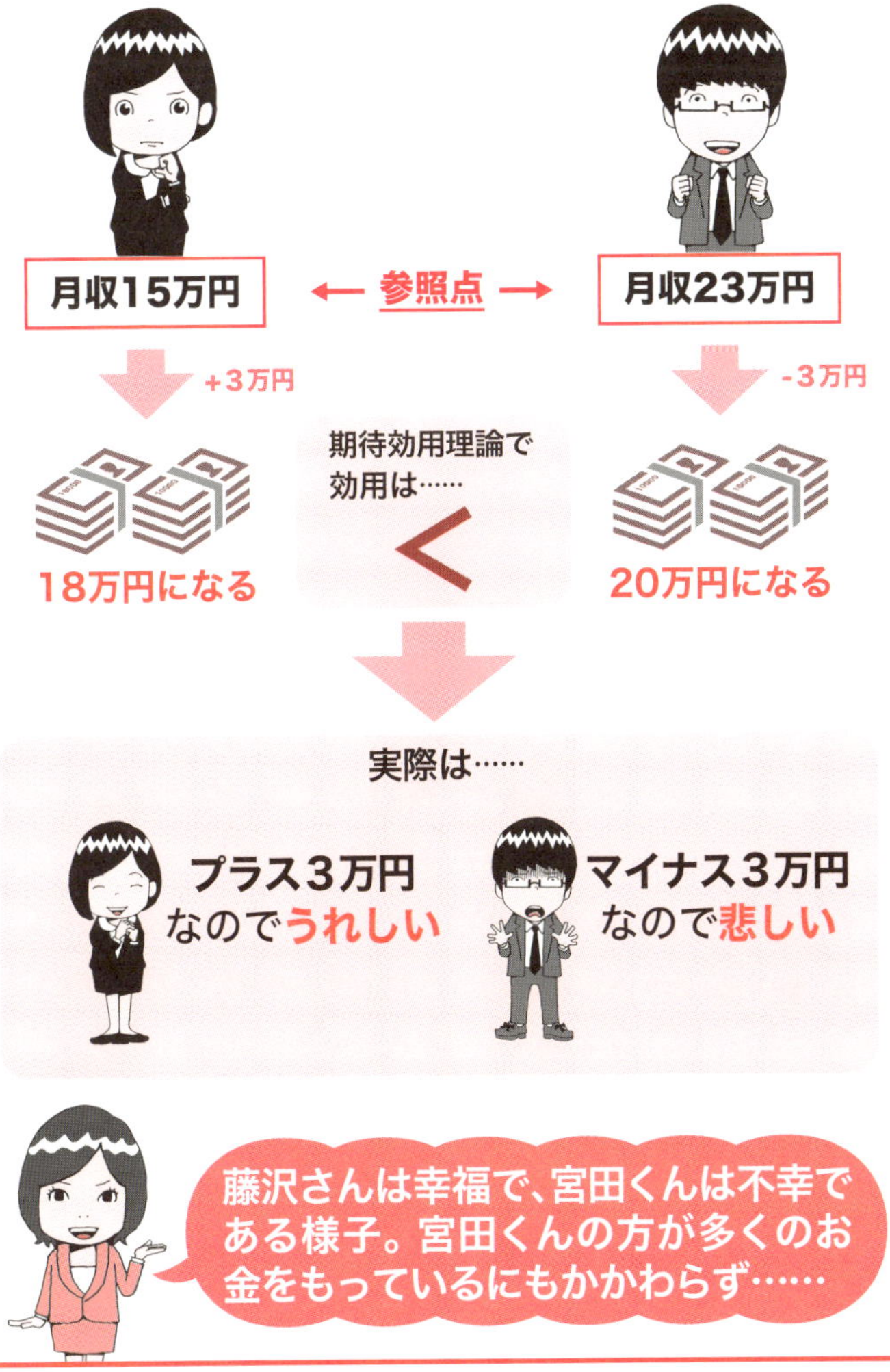
月収15万円
参照点
月収23万円
+3万円
-3万円
期待効用理論で
効用は……
<
18万円になる
20万円になる
実際は……
プラス3万円
なのでうれしい
マイナス3万円
なので悲しい
藤沢さんは幸福で、宮田くんは不幸である様子。宮田くんの方が多くのお金をもっているにもかかわらず……

+αのレッスン
絶対額：所得の絶対額を強調する場合、絶対所得と呼びます。反対に相対的に表現された所得（たとえば日本の平均年収と比べた自身の年収）を相対所得と呼びます。

MOVE CUSTOMERS

よさそうに見えるのは引き立て役のおかげ

明らかにお得な気がするもの

私たちは様々なものを判断の基準にしています。**ダン・アリエリー**は大学生に、雑誌『エコノミスト』の購読形態を尋ねるアンケートを行いました。選択肢は左ページの3つです。あなたならどれを選びますか？ **「同じ値段なんだから、印刷版だけよりセット購読にしたほうがお得じゃないか！」**と思いませんでしたか？ 実際、学生たちにもセット購読が一番人気でした。ところで「印刷版のみ」は誰も選ばなかったので、選択肢から外してみることにしました。結果は変わらないはずですが……？

おとりに惑わされる選択

ウェブ版とセット購読の2択にしてみると、なんとウェブ版のほうが人気になってしまいました。セット購読と同じ値段の「印刷版のみ」はいわばおとりで、セット購読を引き立てる効果をもっていたのです。おとりは参照点として機能しています。私たちは印刷版を基準としてセット購読を評価して、魅力的だと感じてしまったのです。レストランで非常に高い料理を1つメニューに載せておけば、それはおとりとして作用し、ほかの料理を「安い」と思わせて注文するように誘導することができるでしょう。

売れない
商品にも
意味がある

+αのレッスン **おとり効果**：アリエリーは、顔の好みにもおとりの効果が出ることを明らかにしています。自分と似ていつつおしい人を連れていくのが、合コン必勝法なのかも。

● おとり効果

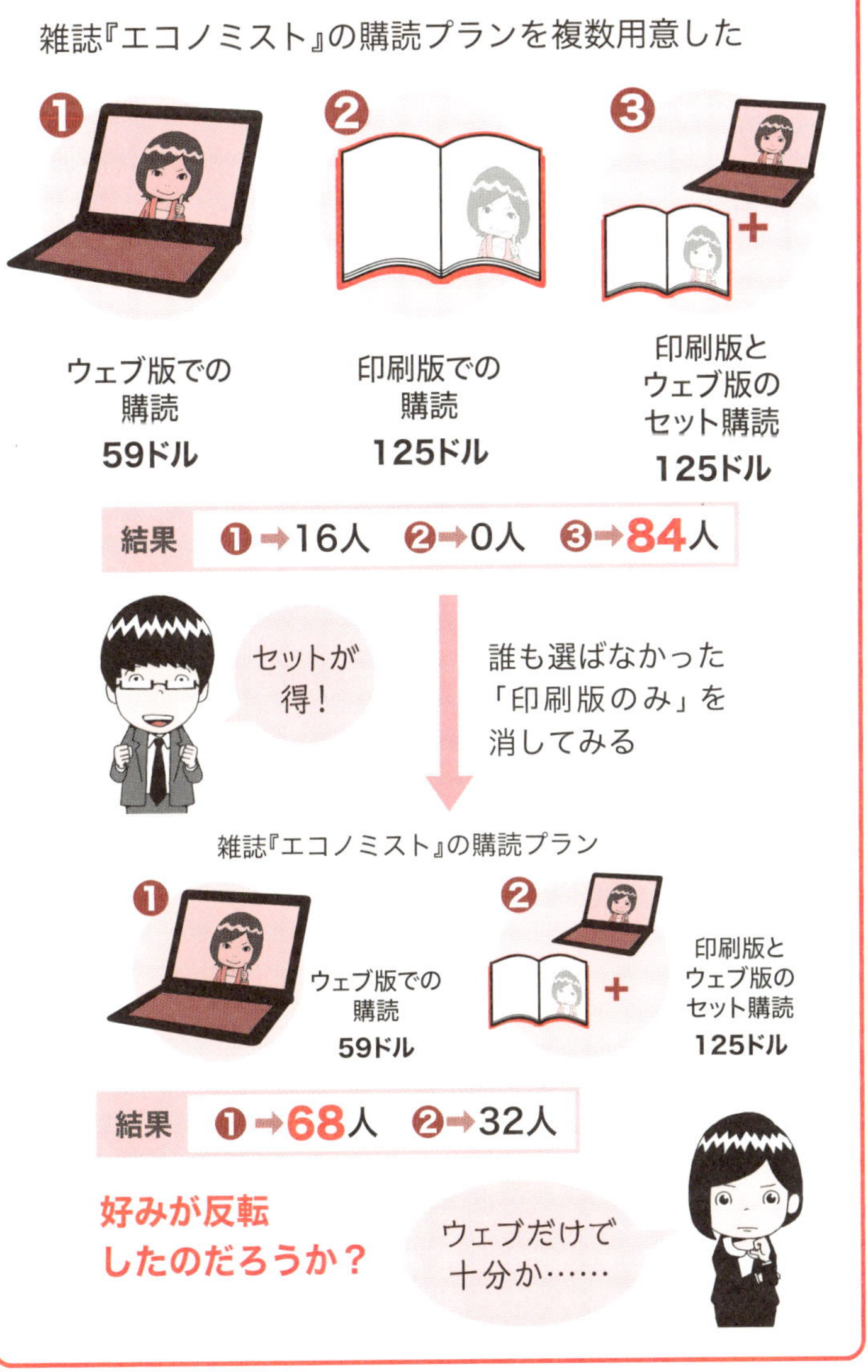
雑誌『エコノミスト』の購読プランを複数用意した
①
ウェブ版での
購読
59ドル
②
印刷版での
購読
125ドル
③
印刷版と
ウェブ版の
セット購読
125ドル
結果 ①→16人 ②→0人 ③→84人
セットが
得！
誰も選ばなかった
「印刷版のみ」を
消してみる
雑誌『エコノミスト』の購読プラン
①
ウェブ版での
購読
59ドル
②
印刷版と
ウェブ版の
セット購読
125ドル
結果 ①→68人 ②→32人
好みが反転
したのだろうか？
ウェブだけで
十分か……

+αのレッスン

参照点：引越しするとき、過去に住んでいた家や今の家と比較しながら新居を選ぶことはよくあります。転職するときも同じで、過去と比較して探すことはよくあります。

MOVE CUSTOMERS

見せ方・言い方しだいで印象がすっかり変わる

利得と損失どちらを強調するか

どこに重きを置くかが重要

参照点が私たちに大きく影響しているということは、見せ方しだいで大きく印象を変えられることを意味します。左ページの例を考えましょう。あなたはどちらの対策を取りますか？

カーネマンたちの実験では、72％がAを選びました。しかしA'とB'のような聞き方をすると、78％がB'を選びました。冷静に見比べると、**AとA'、BとB'は同じことを言っています。「助かる人数」に重点を置いて説明するか「死ぬ人数」に重点を置くかで結果が変わっています。**

これを**フレーミング**の違いと呼びます。

フレーミングは身近にある

たとえばあなたが手術を受ける前に**「この手術では90％の人が助かります」と言われたとしたら、きっと安心するでしょう。しかし「この手術で10％の人が死んでしまいます」と言われたらどうでしょうか。**同じことを言っているのに、受ける印象は大きく異なります。「この牛肉は8割が赤身です」も「この牛肉は2割が脂身です」とはかなり違って聞こえます。うまくフレーミングすれば望む結果を得られるかもしれませんが、悪用されていないかどうかの注意も必要です。

+αのレッスン

フレーミング：フレーミングも、カーネマンとトゥバスキーによる研究の成果です。ここで紹介した例には「アジア病」という架空の病気が使われています。

● カーネマンたちの見せ方に関する実験

あなたはある国の王様です。あなたの国で伝染病が流行り、このままでは600人が死んでしまいます。

あなたはAとBのどちらの対策を取りますか?

プログラムA：200人が助かる

プログラムB：1/3の確率で600人が助かるが、2/3の確率で誰も助からない

結果

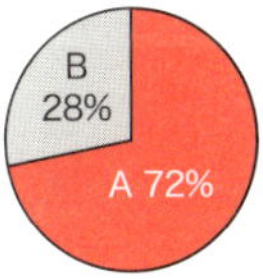

ではA'とB'だったら、どちらの対策を取りますか?

プログラムA'：400人が死亡する

プログラムB'：1/3で誰も死なないが、2/3で600人が死ぬ

結果

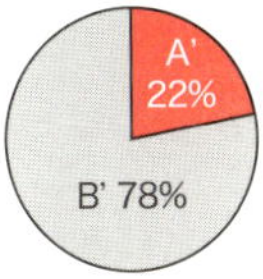

+αのレッスン

「駅から徒歩6分。ウサイン・ボルトなら55秒！」という不動産広告がネットで話題になったことがありました。これもフレーミングです。

一度手に入れたものは二度と手放したくない

もらった瞬間、心が変わる

損失回避と参照点は、保有効果というバイアスを引き起こします。**これは自分が所持しているものの価値を高く感じてしまうというものです**。左ページのマグカップ実験を見てみましょう。半数の人にマグカップを配布して、それを売ってもいい値段を尋ねます。マグカップを配布しなかった残りの半数の人たちには、マグカップを買ってもいい値段をそれぞれ尋ねます。その結果、「売ってもいい値段」は「買ってもいい値段」の約2倍になっていました。保有しているものは魅力的に見えるようです。

どんなものでも失うのは嫌

なぜ「もっていること」で価値が増加するのでしょうか？　**マグカップをもらった瞬間に、その人の参照点は「マグカップをもっている」に移動します。そしてそこから「マグカップを失う痛み」を考えます。マグカップをもっていないときは「マグカップを手に入れる喜び」だけを考えます**。

損失回避のせいで、この2つのインパクトは同じではありません。失う痛みのほうが大きいので、「買ってもいい値段」よりも「売ってもいい値段」のほうが高くなってしまうのです。

中古品を
売ろうとすると
実感できる

+αのレッスン　**WtPとWtA**：「売ってもいい値段」はWtA(Willingness to Accept＝受取許容額)、「買ってもいい値段」はWtP(Willingness to Pay＝支払許容額)と呼ばれます。

● 保有効果に関する実験

約600円で売られていたマグカップを被験者の半数にランダムに配る。もっていない人は近くの人のマグカップを見ることができる。

その後、「売り手（マグカップをもっている人）」は「そのマグカップを売ってもいい値段」を書き、「買い手（マグカップをもっていない人）」は「買ってもいい値段」を書く。

「そのマグカップを売ってもいい値段は？」

1200円くらいかな……

「そのマグカップを買ってもいい値段は？」

600円なら考えます

→約2倍だった

実社会での例↓

服の通販や健康器具などでよく見かける「返品無料でお試し可」のような宣伝文句にも、一度与えてしまえば、保有効果により「手放す」ことを避ける心理が関係しています。

+αのレッスン **保有効果**：2017年にノーベル経済学賞を受賞したセイラーの発見。ワイン好きの教授の非合理な振る舞いがヒントになったとカーネマンの著作に紹介されています。

冷静にほしいか判断できるようになったらベテラン

今もっているものこそ至高

ジャック・クネッチたちは2つのクラスでアンケートを行い、お礼として景品を渡すことにしました。景品は片方のクラスではペン、もう片方のクラスではチョコレートでした。彼らはその授業の終わりに、**もう片方の景品と交換できる旨を伝えました。しかしどちらのクラスでも、交換を希望したのはわずか10%でした。**

つまりペンをもらった人はペンのまま、チョコレートをもらった人はチョコレートのままだったのです。「自分が保有していること」によって、魅力が増大しているように感じるのです。

ベテランに保有効果はない

ジョン・リストは野球カードゲームの大会でアンケートを行い、そのお礼としてマグカップとチョコレートをランダムに配りました。どちらも同じ値段です。そして、クネッチの実験と同じように、もう片方の景品と交換できることを伝えました。**カードゲーム初心者の人たちは18%しか交換を希望しませんでしたが、ゲームの熟練者たちは48%が交換を希望しました。ベテランは「自分が本当にほしいのはどちらなのか？」と自らに冷静に問いかけることができたのです。**

+αのレッスン

カーネマンは、5ドル札を1ドル札5枚に替えても損した感じはしないと述べています。お金は何かと交換するためのものであり、保有効果の働かない特殊な例です。

● ジョン・リストによる カードゲーム大会での実験

カードゲームの大会でマグカップとチョコレートをランダムに配った。

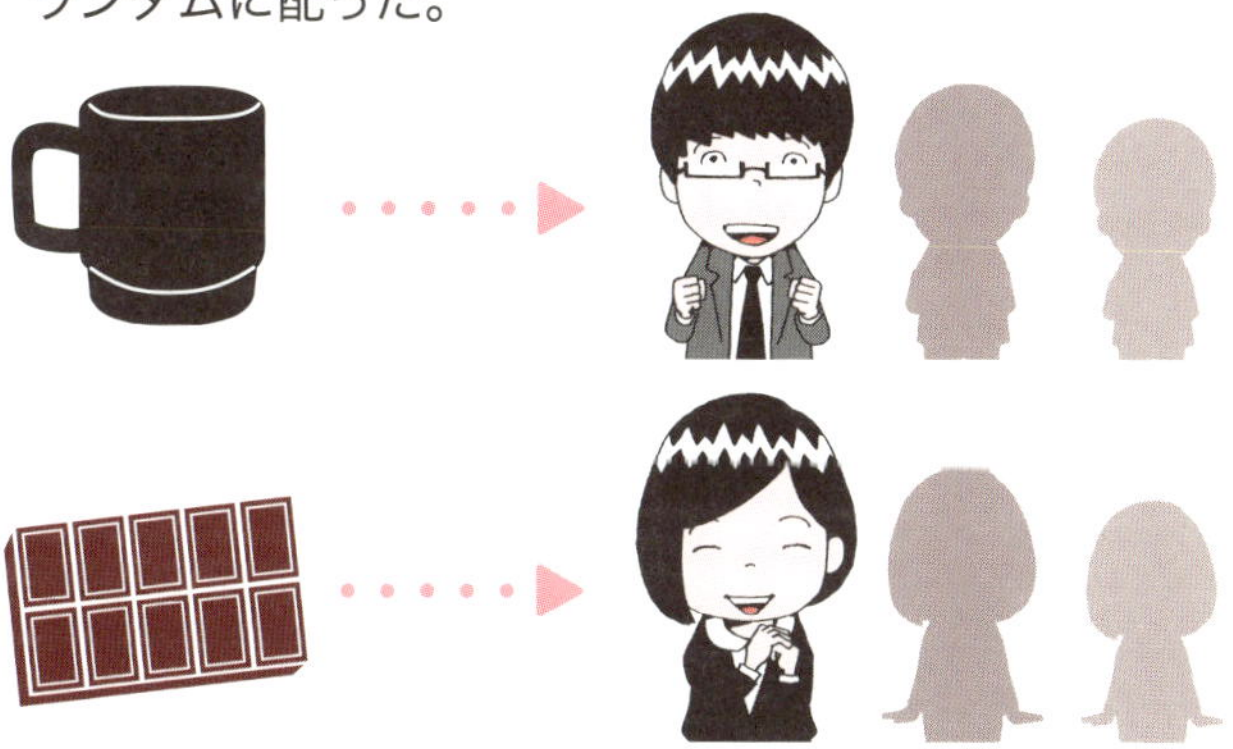

交換できることを伝えると……

結果
カードゲーム初心者
交換 18%
交換しない 82%
チョコと交換してください
カードゲーム熟練者
カードゲーム熟練者
交換しない 52%
交換 48%

熟練者は多くが交換を希望した！

List (2003)

+αのレッスン

IKEA効果：ダン・アリエリーは「自分でつくったものの価値を高く見積もってしまう」という癖を明らかにし、「IKEA効果」と呼んでいます。これも保有効果の一種です。

MOVE CUSTOMERS

今が最高!! そんな気がしてしまう

このまま変わらず過ごしたい

やりたい気持ちはあるのにやらないままになっていることや、とくに意味はないけど続けていることはありませんか？　**保有効果によって、私たちは今現在の状態を高く評価してしまい、状況を変化させることを好みません**。これを**現状維持バイアス**といいます。

現状を変化させた後に得るものと失うものを想像したとき、損失回避によって損を大きく感じてしまいます。仕事を辞めたいのに辞めることができない。もう好きでない恋人と別れることができない。それは現状維持バイアスです。

今がずっと続くような気がする

今を高く評価するあまり、**現在の状況をやたらと未来に投影してしまって正しい予想ができなくなることもあります**。これを**プロジェクションバイアス**といいます。

今が独身で気楽で、とくに何も困ることのない人は結婚したくないと思います。しかし、その気楽さは年をとってもずっと続くでしょうか？　ビジネスでも「今うまくいっているからこのままのやり方でいこう」と考えるのは危険です。このようなバイアスから脱却し、冷静に正しく未来を予測する必要があるでしょう。

決断を迷ったときはバイアスを疑う

+αのレッスン

晴れた日にはオープンカーがよく売れます。これもプロジェクションバイアスの例です。今日の快晴がずっと続くわけはありませんが、そんな気がしてしまうのです。

● 冷静に未来を判断できなくしている 2つのバイアス

■ 現状維持バイアス

変化により失うものを大きく感じてしまう……。

■ プロジェクションバイアス

今がずっと続くような気がしてしまう。
そんなはずはないのに……。

+αのレッスン 社会保障制度の整っている先進国が、不況などにより財政赤字に陥っても、増税などの賛同を得られないことも保有効果や現状維持バイアスが関係しています。

MOVE CUSTOMERS

期待効用理論を図で整理しよう

リスクの好みも表れる

最後に、ここまでで説明した、プロスペクト理論の特徴を図にまとめてみましょう。そのためにまず、期待効用理論の**効用関数**を図で示すことにします。

期待効用理論では、88ページで説明した「限界効用が逓減《ていげん》する」という性質をもった効用関数を仮定することが一般的です。ここでは、89ページの数値例を図にしてみましょう。すると、左のような曲線になります。このような上にふくらんだ形の効用関数は、限界効用逓減に加え、**危険回避的であることも同時に表しています。**

限界効用逓減なら危機回避的

左のような効用関数をもつ人にとって、①「半々の確率で1万円か7万円」と②「確実に4万円」のどちらがよいかを考えてみましょう。

この人は1万円もらったときに10うれしく、7万円もらったときに84うれしくなる人ですから、①の状況の期待効用は47です。これはグラフでは、所持金が1のときと7のときを結んだ線の中点で求まります。一方、②の期待効用は60です。つまり**この人は、不確実な状況よりも確実な状況から得る期待効用が高いので、リスクを好まない**ことがわかります。

プロスペクト理論の図との違いに着目！

+αのレッスン
このような上にふくらんだグラフの形を「上に凸」といいます。効用関数が上に凸であれば、かならず「確実なときの効用」が「不確実なときの効用」よりも高くなります。

● 期待効用理論の効用関数の図

所持金	1	2	3	4	5	6	7	8	9	10
効用	10	30	48	60	70	78	84	90	96	100

これを図にすると……

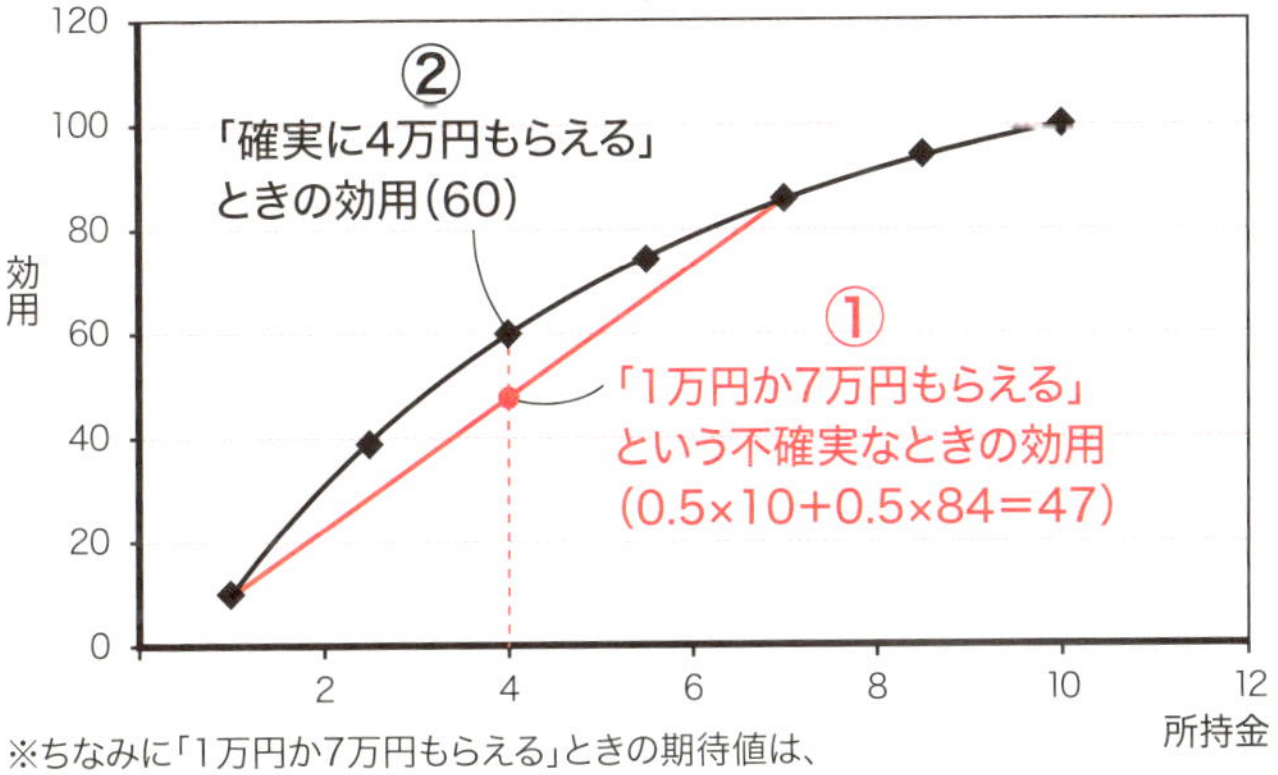

※ちなみに「1万円か7万円もらえる」ときの期待値は、
0.5×1＋0.5×7＝4なので、確実に4万円もらえるときと同じ。

期待値が同じなら、確実なほうが効用が大きい！
＝**このような効用関数で、危険回避的な人を表すことができる。**

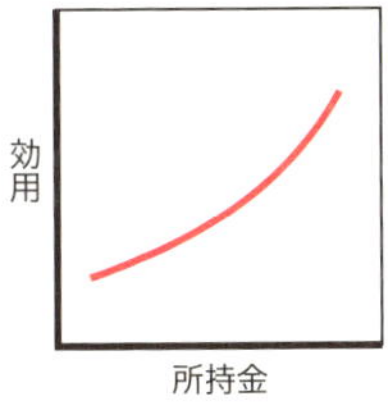

危険愛好的な場合

なお、左のような形の効用関数で、危険愛好的（不確実な状況のほうが期待効用が高くなる）な人を表現できる。

＋αのレッスン 98ページで見たように、多くの人は確実なものを好みます。そのため、ここで紹介したような効用関数で、大半の人の行動を説明できていました。

MOVE CUSTOMERS

プロスペクト理論のポイントが詰まったS字

大まかな形を覚えておこう！

参照点が原点となる

プロスペクト理論の**価値関数**の1つ目の特徴は、**「利得局面では危険回避的、損失局面では危険愛好的」**というものでした。前項で危険回避的な場合と危険愛好的な場合の効用関数の形がわかったので、これを組み合わせることにします。

このとき、**何を基準に「利得」や「損失」だと考えているかは、3つ目の特徴として紹介した「参照点」によって決まります**。現在の参照点よりもお金が増える場合は利得、お金が減る場合は損失と感じます。

カーブの強さに注目

それでは、もう1つの特徴である損失回避は、どのように図示できるでしょうか。損失回避、つまり**「損失のインパクトは利得のインパクトよりも約2倍大きい」ことは、利得側と損失側のカーブの強さを変えることで表せます**。

1000円を手に入れたときのうれしさと、1000円をなくしたときの悲しさは、どちらも図における垂直距離でわかります。したがって、左の図のように損失側のカーブをきつくすれば、うれしさよりも悲しさのインパクトが大きいことを表現できます。

+αのレッスン
現在の参照点が何であるかがわからないと、その人にとって何が利得で何が損失かがわかりません。しかし108ページで説明したように、参照点は簡単に変化します。

● プロスペクト理論の価値関数の図

利得局面（参照点よりお金が増える）では危険回避的、損失局面（参照点よりお金が減る）では危険愛好的なので……

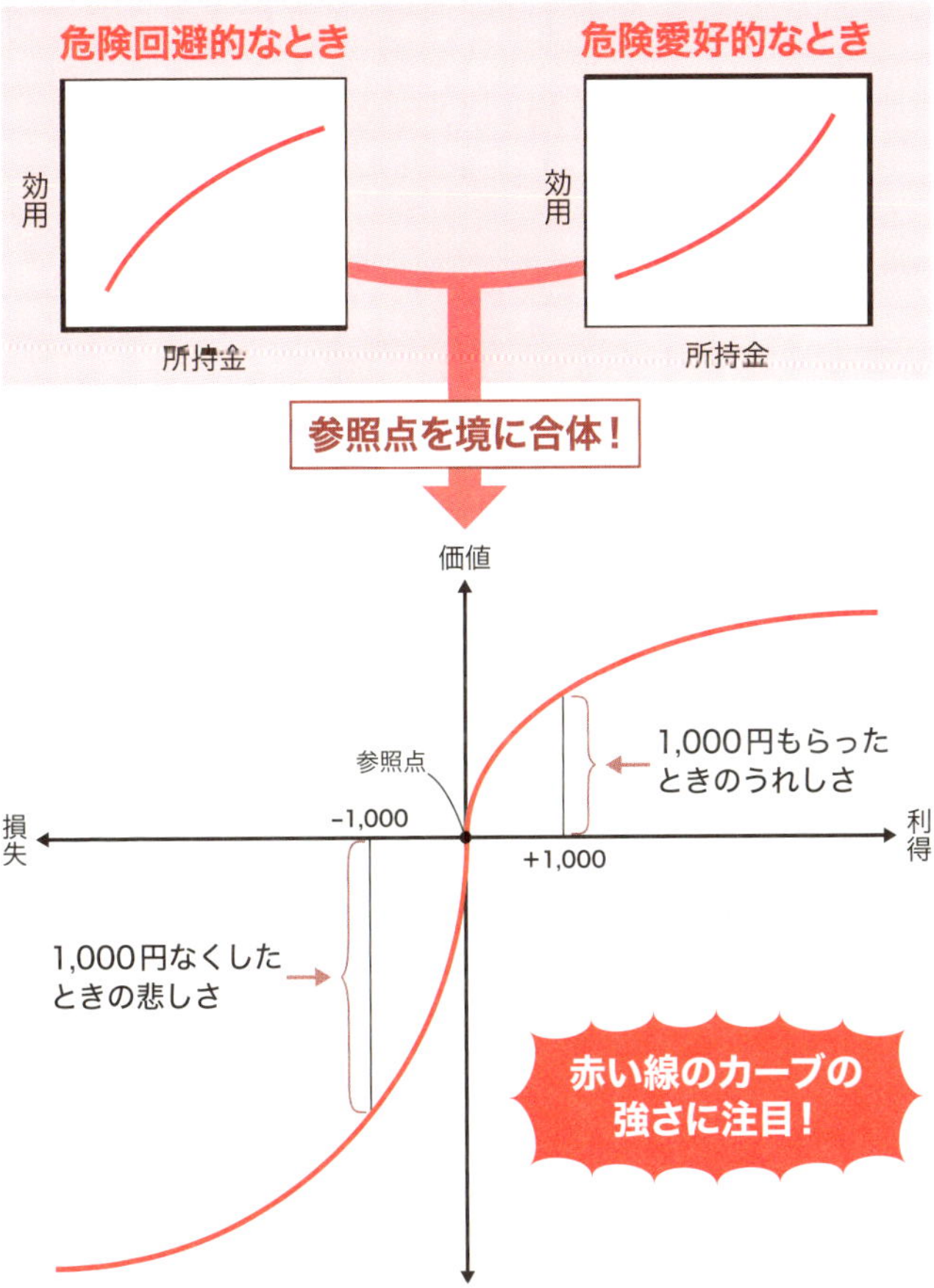

このような、左右非対称な傾きをもつS字型の曲線が、プロスペクト理論の価値関数を表す。

+αのレッスン
意思決定をするたびに参照点を尋ねる必要がありますが、あまり現実的ではありません。プロスペクト理論は優れた理論ですが、実用化は簡単ではありません。

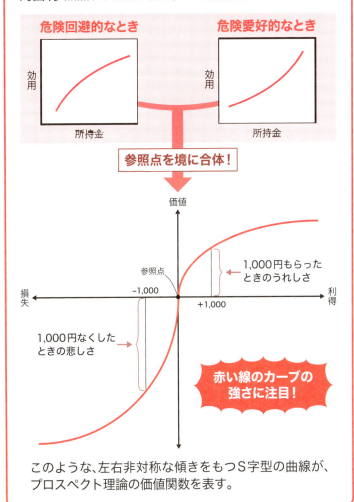

ソシャゲのガチャは行動経済学の実例の宝庫

▸ほしいカードの期待値とリスク

ソーシャルゲームが普及してガチャが身近になったおかげで、期待値やリスクの説明が容易になったように思います。ガチャとは、ゲーム内のコインやチケットを使ってアイテムを手に入れる抽選の仕組みです。

たとえばあるゲームではUR《ウルトラレア》、SR《スーパーレア》、R《レア》のカードがあり、この順番で性能が高くなっています。よいカードを引くにはガチャを回す必要がありますが、「チケット5枚でR80%、UR20%」というガチャ①、「チケット10枚でSR80%、UR20%」というガチャ②、「チケット25枚でUR確定」というガチャ③の3種類が用意されています。何%で何が出てくるかがはっきりしていますから、それぞれのガチャについて期待値を計算することができます。

▸確実性効果も使いこなしている

確実にURが手に入る③のガチャは魅力的ですが、その分多くのチケットが必要です。ガチャ①を5度回すのと、ガチャ③を1度回すのとでは、どちらがよいと思いますか？　確実を好む危険回避的な人は迷いなくガチャ③を選ぶでしょうが、ガチャ①を5度回す人も少なくないでしょう。

このようなガチャを用意したゲーム会社は、リスクの受け止め方に個人差があることと、確実性効果が大きく働くことを理解しています。そしてそれをビジネスに利用しているのです。

3章

自己啓発・社会貢献に使える行動経済学

執筆　佐々木周作
Shusaku Sasaki

あなたは、寄付をしたことがありますか？　自分のために使えるはずだったお金を我慢してでも、恵まれない子どもたちのために寄付する人がいます。人は、自分だけでなく他人の利益のためにも行動するようです。そこにどのような意思決定の癖があるのかを知っていれば、職場の同僚はもちろん、家族や友人、地域の人たちと協力しながら、より円滑な人間関係を築くことができるはずです。

はい
はんぶんこ
わぁ
ありがとー
子どもは
ピュアで
いいなぁ……
大人だったら
分け合うとか
しないもんな
そんなことも
ないと
思いますよ♪
どーん
ああ、先生
こんにちは
とうとう
ノーリアク
ションかよ
この野郎!
大人だって寄付をしたり
プレゼントを贈り合ったり
するじゃないですか
そうですけど
なんか打算的な
感じが……

行動経済学的にはそうとも限らないんですよね……
人間って不思議なもので**ときには見返りなしに他人のために立ち回ったりする**
——そういう純粋に利他的な気持ちも研究対象なんです
うーんどうだろう……
先輩お待たせしました～
コンビニでトイレ借りてた
そちらは先輩のお知り合いですか？こんにちは
こんにちは
もしよかったらこれ、どうぞ！
はい先輩も♪
COFFEE
COFFEE
ね？
……
？

SOCIAL CONTRIBUTIONS

臓器提供の意思表示はデフォルトに左右される

本当はしたいのに、していない

内閣府の調査によると、臓器提供の意思を記入している日本人の割合は12・7%にすぎません。一方で、臓器提供をしたいという意向をもっている人の割合は41・9%だそうです。

つまり、全体の**29・2%の人は臓器提供をしたいと思っているのにその意思を記入していない**ということです。じつは日本では「提供しない」が**デフォルト**（初期設定）なので、提供したい場合に意思を表示する必要があります。この設定が、意思表示割合に影響を与えているといわれています。

フランスではほぼ100%!?

学術雑誌『Science』に掲載された研究論文が、デフォルトと意思表示の割合を比較しています。左図から、ドイツのように、**「提供しない」がデフォルト**で提供したい場合に意思表示する必要がある国では、**意思表示の割合が10%前後**と低くなっていることがわかります。

一方で、フランスのように、**「提供する」がデフォルト**の国では、意思表示の割合が**100%に迫る高水準**です。このように、本当は正反対の好みをもっていても、私たちの実際の選択はデフォルトに引きずられてしまうのです。

問いかける形式で結果は変わる！

+αのレッスン 2017年時点の日本における移植希望登録者数は約1万4000名。一方で、臓器提供件数は112件、臓器移植件数は380件と圧倒的に少ないのです。

● 各国別の臓器提供に同意する割合

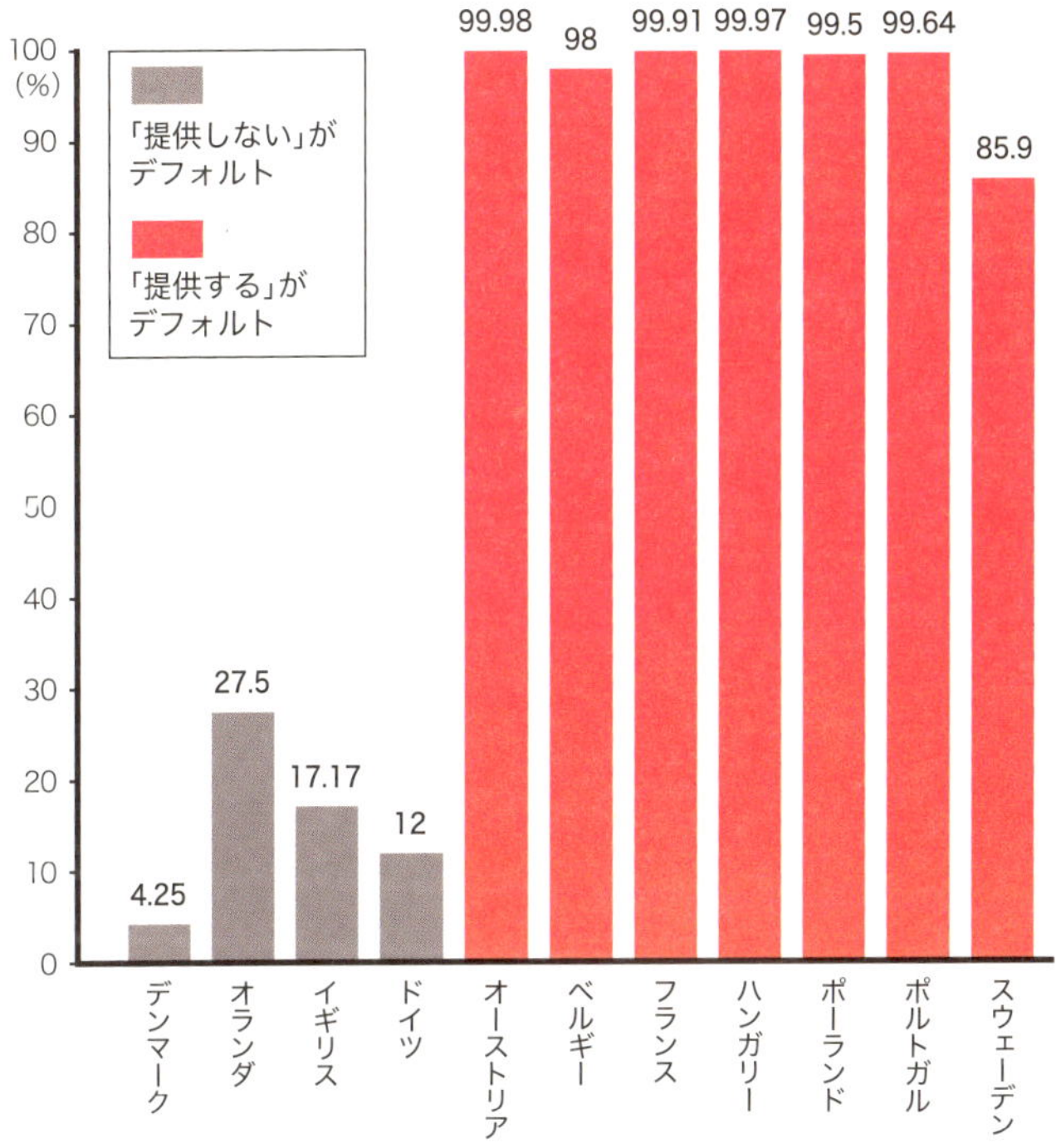

「提供しない」がデフォルトの方式を「オプト・イン」、「提供する」がデフォルトの方式を「オプト・アウト」と呼びます。

Johnson, E. J., and Goldstein, D. (2003)

+αのレッスン デフォルトの効果は、現在の状況に固執しがちな現状維持バイアス、設定の変更に喪失感を覚える損失回避、おすすめ効果などから成るといわれています。

SOCIAL CONTRIBUTIONS

自分のために使うより**寄付**するほうが**幸福に！**

情けは人のためならず

私たちは、困っている他人のためにいくらかのお金を**寄付**することがあります。これは自分のために使えるはずだったお金を我慢して、他人の幸福を願う、**利他的な行動**です。

しかし最近、**寄付は、他人だけでなく寄付した本人にもポジティブな影響をもたらす**ことがわかってきました。寄付することで、心理的な喜びや心地よさを新しく得られるというのです。そのため、自分のためにお金を使うよりも寄付をしたほうが、**幸福度**が高まったり、ストレスが減ったりする場合があります。

他人と自分の幸福を両立

心理学の研究チームが、学生を集めて実験を行いました。まず5～20ドルのお金を学生に渡し、彼らを2つのグループに無作為に分けました。片方には**「自分のために」**、もう片方には**「ほかの誰かのために」**、渡したお金を当日中に使い切るように指示したのです。

実験の前後で学生の幸福度を計測しました。すると驚くべきことに、**「ほかの誰かのために」お金を使うように指示されたグループのほうが、自分のために何か購入したグループに比べて幸福度が高まって**いたのです。

自分の幸福って何だろう？

+αのレッスン 一連の研究成果は、エリザベス・ダン、マイケル・ノートン 著『「幸せをお金で買う」５つの授業－HAPPY MONEY』で、一般向けに紹介されています。

● 寄付と幸福度の実験

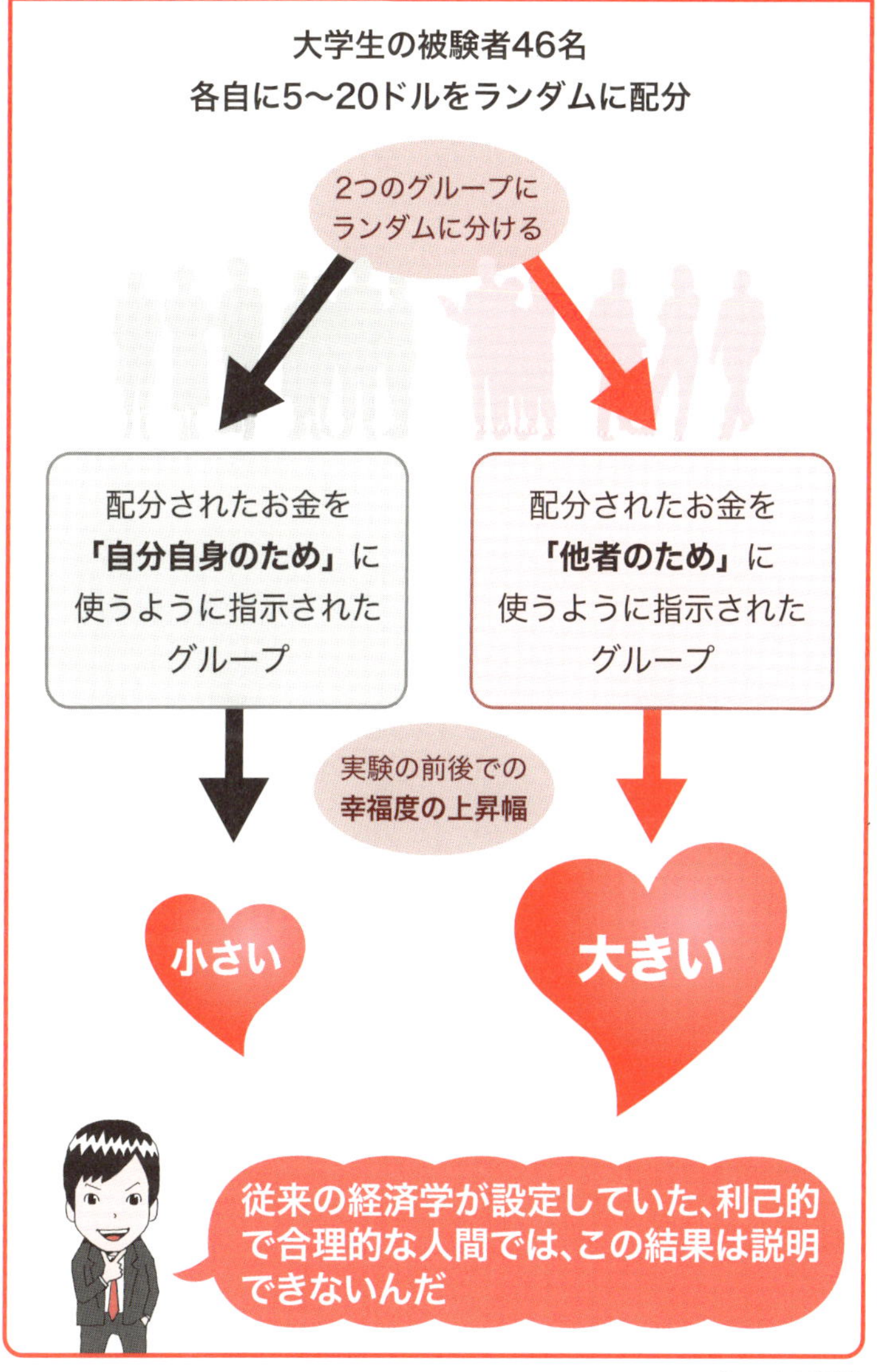
大学生の被験者46名
各自に5～20ドルをランダムに配分
2つのグループにランダムに分ける
配分されたお金を「自分自身のため」に使うように指示されたグループ
配分されたお金を「他者のため」に使うように指示されたグループ
実験の前後での幸福度の上昇幅
小さい
大きい
従来の経済学が設定していた、利己的で合理的な人間では、この結果は説明できないんだ

Dunn et al. (2008)

+αのレッスン 日本でも、東日本大震災の後、被災地に寄付をしなかった人に比べて寄付した人のほうが幸福度は高かったことを示した研究があります。

SOCIAL CONTRIBUTIONS

「多くの人もやっている」でよい方向に行動が変わる

他人との違いに敏感になりがち

私たちは、他人がどう行動しているかをとても気にする傾向をもっています。自分以外の多くの人たちがある特定の行動を取っていると、そのように行動することが一種の規範のように感じます。そして、**同じように自分も振る舞わないと、守るべき規範を守れていないかのような居心地の悪さを感じてしまう**のです。

この傾向を活用したナッジを**社会比較ナッジ**と呼びます。この社会比較ナッジは、人の行動を社会的に望ましい方向性に誘導する目的で、様々な現場に応用されてきました。

あなた以外の人は○○しています

海外のホテルを舞台に、環境保全のために滞在中タオルの再利用をお願いする場面で、社会比較ナッジの効果を検証した研究があります。協力お願いのメッセージを記載したタグを設置するとき、ランダムに選んだ部屋のタグには**「75%の人たちが再利用に協力してくれている」**というメッセージを追記しました。この結果、**再利用率は約10%も高まった**のです。「同じ部屋に泊まった人たちのうちで〜」という文言を加えて強調したときに、効果がとくに強まることもわかりました。

悪いことでも一緒がいいのかな？

+αのレッスン　日本には、歯ブラシを持参したり、連泊の場合に毎日の清掃を辞退することで、何らかの特典をもらえる、エコプランを提供しているホテルがあるそうです。

● 協力お願いのメッセージ付きタグ

このタグに「75%の人たちが再利用に協力してくれている」というメッセージが追記されていたら……

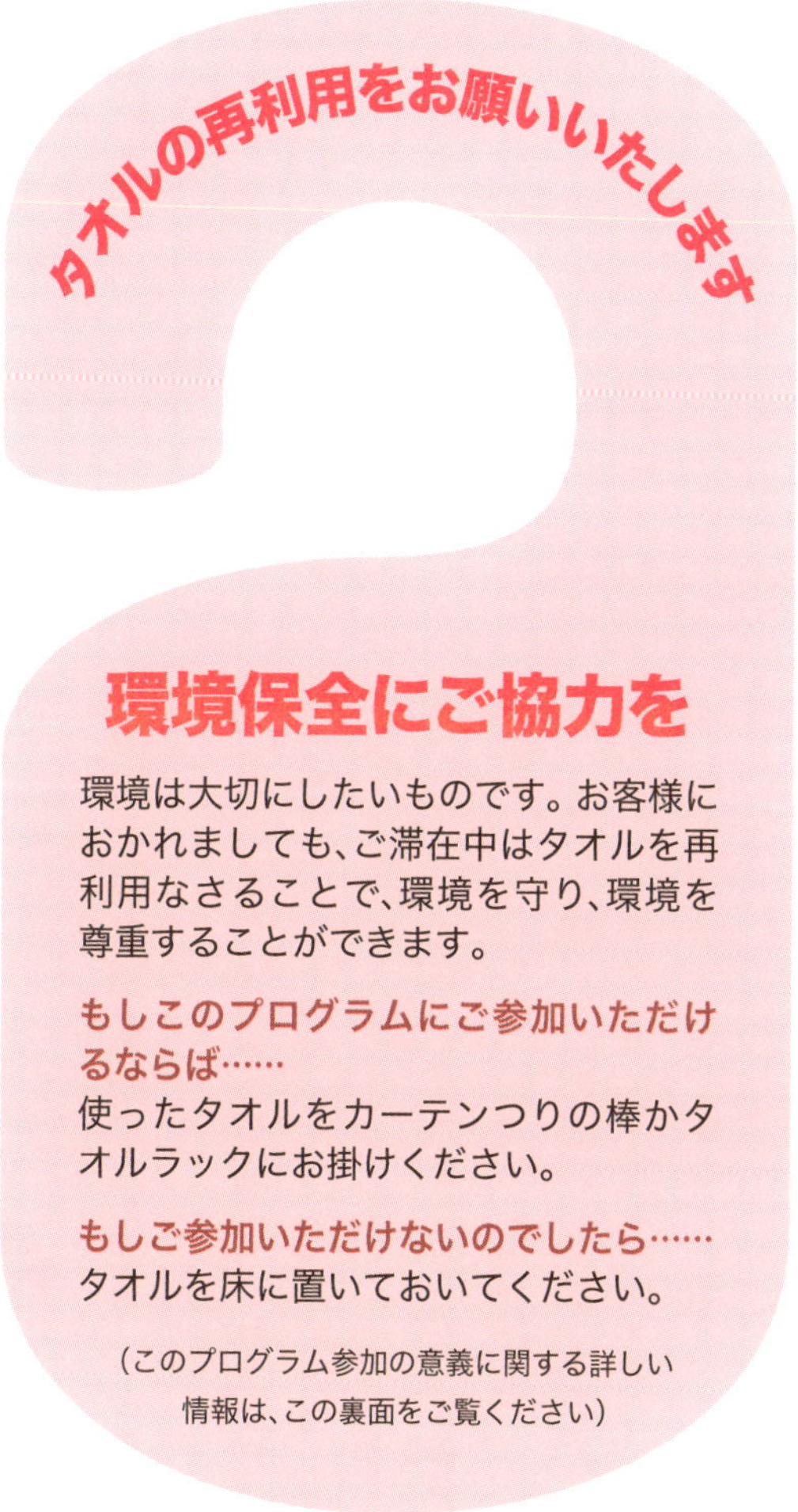
タオルの再利用をお願いいたします
環境保全にご協力を
環境は大切にしたいものです。お客様におかれましても、ご滞在中はタオルを再利用なさることで、環境を守り、環境を尊重することができます。

もしこのプログラムにご参加いただけるならば……

使ったタオルをカーテンつりの棒かタオルラックにお掛けください。

もしご参加いただけないのでしたら……

タオルを床に置いておいてください。

(このプログラム参加の意義に関する詳しい情報は、この裏面をご覧ください)

Goldstein et al. (2008)

+αのレッスン この研究は、様々な場所で追試が行われていますが、残念ながら、いつも同じような効果が観察されるわけではありません。

SOCIAL CONTRIBUTIONS

社会比較ナッジは税金の滞納を減らし、節電を促す

未納税はあなただけ!

社会比較ナッジは、タオルの再利用という気軽な行動だけでなく、**より選択負荷の高い行動も促進する**ようです。イギリスの研究で、税金未納者に督促する手紙のなかに社会比較ナッジなど様々な文言をランダムに追記して、どの文言が納税を促すかを調べました。結果、「イギリスにおいて10人のうち9人は税金を期限内に支払っています。あなたは今のところまだ納税していない、非常に少数派の人になります」という**少数派を強調した社会比較ナッジが納税率を最も高める**ことがわかりました。

相対評価で節電効果が向上

節電行動を促したい場面でも、社会比較ナッジは効果的なことがわかっています。電力料金の明細書に、自宅の電力消費量と一緒に近隣家庭の電力消費量や効率的な家庭の電力消費量を掲載し、自宅の電力消費量を**相対評価**することで、**電力消費が平均的に2%減少**しました。とくに消費量がもともと多かった家庭で、減少幅は大きかったと報告されています。

一方で、**社会比較ナッジの効果は短期的**であることが指摘されています。効果が長期的に持続するナッジの開発が求められています。

「やべ～」と思って善行をする

+αのレッスン
職場で、書類の提出期限に遅れた人への催促メールに、「締め切りに遅れているのは、あなただけです」のような文章を追加してみてはどうでしょうか。

●督促状の文言と効果

■督促状の文言

①通常のメッセージ

10人のうち9人は税金を期限内に支払っています。

②「イギリスのなかで」ということを強調したメッセージ

イギリスにおいて10人のうち9人は税金を期限内に支払っています。

③「あなたが少数派であること」を強調したメッセージ

イギリスにおいて10人のうち9人は税金を期限内に支払っています。あなたは今のところまだ納税していないという非常に少数派の人になります。

④「社会的サービス」を強調したメッセージ1

税金を支払うことは、私たち全員が、国民健康保険、道路や学校などの必須の社会的サービスからの便益を受けることを意味します。

⑤「社会的サービス」を強調したメッセージ2

税金を支払わないことは、私たち全員が、国民健康保険、道路や学校などの必須の社会的サービスを失うことを意味します。

■結果

1位 ③
→5.1％の納税率の上昇

2位 ②
→2.1％の納税率の上昇

3位 ④⑤
→1.6％の納税率の上昇

5位 ①
→1.3％の納税率の上昇

＊上昇率はメッセージがない場合の23日間との比較

Hallsworth et al.(2017)

+αのレッスン
社会比較ナッジは、幅広い分野で効果が観察されてきましたが、ダイエットや健康診断の受診など、医療健康分野では効果が明確に観察されていません。

SOCIAL CONTRIBUTIONS

私たちは他人に対して ある程度は思いやる

独裁者ゲームという実験

従来の経済学では、人間は利己的であると想定します。しかし現実の人間は自分の利益だけでなく、他人の利益も考慮します。そのことを最も簡単に理解できるのが、**独裁者ゲーム**という実験です。

２人１組のペアをつくって、１人を配分者、もう１人を受益者とします。**配分者に１０００円を渡して、配分者と受益者の間で好きなように分けてもらいます**。配分者は独裁的な権限をもっているので、配分者の決めた分け方に、受益者は異議を唱えることができません。

３割渡すくらいは利他的

私たちが本当に利己的なら、配分者は１０００円の全額を自分に配分するはずです。なぜならそのように分けても、受益者はその提案を受け入れるしかないからです。

しかし、過去の独裁者ゲームの実験結果から、**実際に１円も受益者に与えない配分者は少ない**ことがわかっています。平均して、**元のもち金の３割弱程度を配分者に渡す**ようです。この単純な実験から、現実の人間はある程度利他的に振る舞うことがわかりますが、どんな気持ちで利他的に振る舞うのかは別の分析が必要です。

私たち人間は
本当に
利己的か？

+αのレッスン
通常の実験では、受益者の反応が配分者の意思決定に影響を与えることを防止するため、配分者と受益者が直接やり取りをしないように配慮します。

● 通常の独裁者ゲームの手順

Step 1

自分は700円
相手は300円にします
では、300円をBさんに渡してきます
配分者
実験者

Step 2

はい、これがあなたの取り分です
実験者
受益者

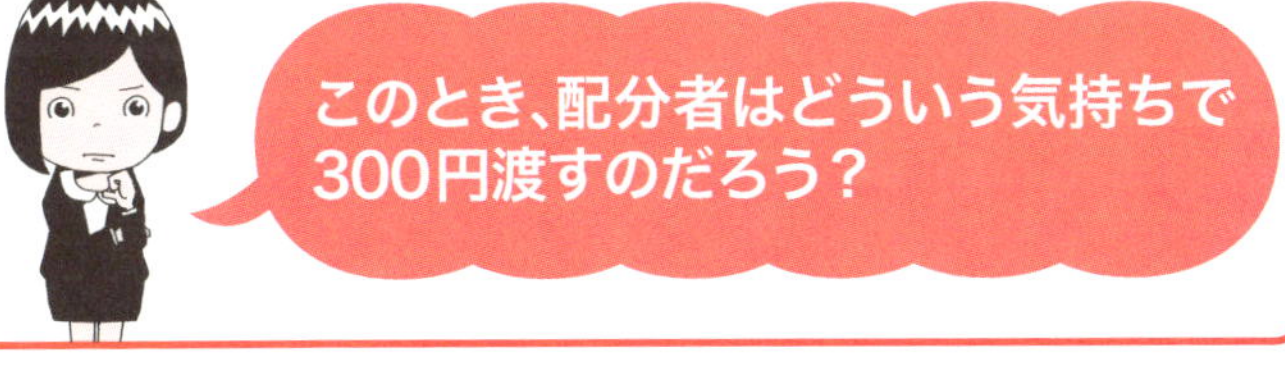
このとき、配分者はどういう気持ちで
300円渡すのだろう？

+αのレッスン 配分者の匿名性を制御して、実験者や受益者が配分者を特定できる状況では、配分者は利他的に振る舞い、そうでないと利己的になることもわかっています。

SOCIAL CONTRIBUTIONS

「他人の目」を気にして利他的に振る舞う

目のイラストが効果的!?

他人に見られている場面では、キチンとしないといけないと思う人は多いでしょう。じつは、他人の目を描いたイラストを提示するだけでも同じ効果があることを示した研究があります。パソコンを置き、その前で**独裁者ゲーム**を行うと、**デスクトップ画面を目の模様に設定した場合に、見知らぬ人により多くのお金を分配する**ことがわかりました。このようにたとえ人工的な目であっても、何か見られているという感覚を増長することで、人の利他的な行動を促進することができるのかもしれません。

場合によっては逆効果も!?

目のイラストを提示する工夫は、煙草のポイ捨てを防止したい場面など、実社会でよく活用されています。ただし、近年の研究から、**目のイラストがいつも同じような効果をもつわけではない**ことがわかっています。利他的行動を促進する場合もあれば、まったく効果がない場合や、逆効果を生む場合もあるようです。目のイラストが促進効果をもつのか、逆の効果をもつのかに影響を与える要因は完全には解明されていません。実社会への応用は、効果を確かめながら進めるのがよいでしょう。

純粋な気持ちからではないの？

+αのレッスン　実験室実験だけでなく、スーパーのレジの前に置かれた募金箱を使ったフィールド実験でも、目のイラストの効果を観察した研究があります。

●目のイラストがあるとき、ないとき

何も表示されていないパソコンがあれば、額はこれくらい。

目のイラストが表示されていれば、与える金額が増える！

Haley and Fessler (2005)

+αのレッスン　目のイラストが効果をもつメカニズムには、他人から称賛を獲得したいというものと、利他的行動を回避しづらくなるというものがあるといわれています。

SOCIAL CONTRIBUTIONS

純粋な気持ちで寄付する人・不純な気持ちで寄付する人

純粋な利他性とウォームグロー

私たちはどのような気持ちから、自分の利益を諦めてまで他人に寄付するのでしょうか？代表的な寄付動機に**純粋な利他性**があります。この動機をもつ人は、**相手の状態がよくなったり、相手に必要な金額のお金が集まったりするときに自分の効用が高まります**。彼らは相手の効用を高めるために寄付するのです。

一方で、**ウォームグロー**と呼ばれる寄付動機もあります。この動機をもつ人は、**寄付行為そのものから効用を得ます**。彼らは相手でなく自分の利己的な効用を求めて寄付するのです。

第三者が寄付をしても寄付するか

純粋な利他性とウォームグロー、どちらの動機をより強くもっているかで、自分以外の**第三者が同じ相手に寄付しているときにどう振る舞うか**が変わります。純粋に利他的な人は、第三者が十分な寄付をすでに行っているときは自分の寄付を中止したり減らしたりします。彼らにとって重要なのは、相手の効用が高まっているかで、誰が寄付するかではないからです。一方、ウォームグローをもつ人は、自分が寄付することが重要なので、同じ状況でも寄付し続けます。

+αのレッスン
純粋に利他的な人は、寄付相手の状態を重んじる一方、寄付金の使われ方を指定するようなパターナリスティックな一面をもっているといわれています。

● 寄付をする２つの動機

■ 純粋な利他性

■ ウォームグロー

+αのレッスン ウォームグローは、寄付したときに感じる温かな気持ちを指し、他人を支援できるほどまでに成長できた自分を実感することなどから生じるとされています。

SOCIAL CONTRIBUTIONS

誰に対しても等しく思いやるわけではない

みんなに優しくしたい！けど

近しい人には優しくしても……

普段NPOに寄付しない人も、誰に対しても思いやりの気持ちを示さない、というわけではありません。親や子どもには優しくなれるという人が多いのではないでしょうか。人は一般的に、互いの関係性が近かったり、親近感を抱いたりする相手には思いやりの気持ちを強くもって接しますが、**疎遠な相手への思いやりは低くなる**傾向があります。他人に対する親近感の程度のことを**社会的距離**と呼び、社会的距離が広がるにつれて利他性などの思いやりが低くなる傾向のことを**社会的割引**と呼びます。

国により社会的距離は異なる

疎遠な人への思いやりが低いという傾向自体は多くの国の人がもっているといわれています。しかし、対象が変わったときの思いやりの程度がどう変化するかは国によって大きく異なるようです。筆者らの調査研究から、**日本人はドイツや米国の人に比べて、相手が家族から家族以外の人に変わったときの思いやりの下落幅が大きい**という結果が得られました。つまり、家族には優しくなれるのにそれ以外の他人には冷たい、という傾向が日本人にはとくに強そうだ、ということです。

+αのレッスン　社会的割引に近い社会心理学の概念に、「内集団バイアス」「外集団バイアス」があります。内集団バイアスは、いってみれば、身内びいきです。

● 対象別の思いやりの水準

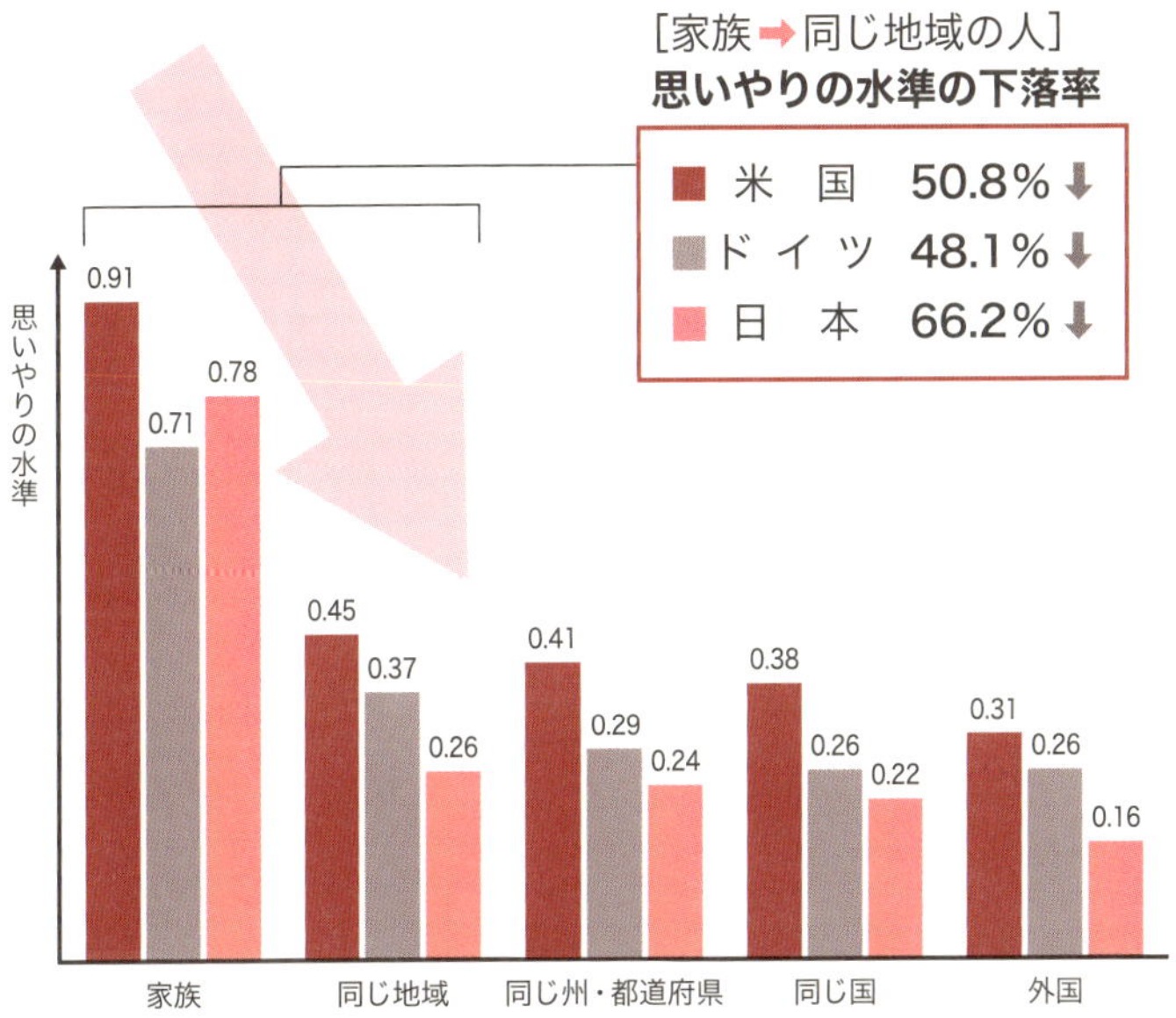

日本人の下落幅が大きいことが見て取れる。

家族の場合　　外国人の場合

佐々木ら (2015)

+αのレッスン
内集団と外集団の境目をつくるものは、性別・年齢・学歴・職業・人種・宗教など様々。嗜好によっても内集団バイアスは生まれることが知られています。

SOCIAL CONTRIBUTIONS

「マッチング」で寄付を促進

寄付したいが負担が重いのはイヤ

支払い負担を下げる工夫

寄付を増やすため、政府やNPOは寄付者の支払い負担を下げる工夫を行っています。代表的な工夫は、寄付金控除などの**税制優遇措置**です。寄付金額を確定申告することで、所得税が一定程度免除されます。結果として、自己負担する寄付金額が割り引かれるのです。

もう1つの工夫に、**マッチング寄付**があります。自分の寄付に合わせて政府や企業などの第三者が上乗せ寄付をする仕組みです。この仕組みでも、少ない自己負担で相手に届けたい金額を寄付できます。

「マッチング」好き多し

どちらも寄付者の支払い負担を下げる工夫ですが、マッチング寄付のほうがもっと寄付したくなるようです。税制優遇措置で1万円寄付したときには5000円返金され、マッチング寄付で5000円寄付したときには5000円上乗せされるとします。金銭的メリットは同額ですが、**マッチング寄付のほうが寄付者率や平均寄付金額は高くなる**と研究で報告されています。行動経済学の認知バイアスなどが影響しているといわれていて、欧米では、寄付金募集の現場で積極的に活用されています。

+αのレッスン

日本の寄付税制は、現在、欧米並みに整備されています。平成23年度の改正では、従来の所得控除に加えて、税額控除が新しく選択可能になりました。

● 税制優遇措置とマッチング寄付の仕組み

① 税制優遇措置

寄付者 支払い金額		寄付先 受取り金額		税金控除
10,000円	→	10,000円	→	5,000円

負担が減る

寄付者の1万円の支払いに対し、税金の控除で5,000円が還付されると、結果的に5,000円の支払いになる。

② マッチング寄付

寄付者 支払い金額		第三者 上乗せ金額		寄付先 受取り金額
5,000円	＋	5,000円	→	10,000円

寄付者の5,000円の支払いに対して、第三者が5,000円を上乗せすると、寄付先には1万円が渡される。（この経済実験で、マッチング寄付の人は同時に税金控除を受けられず、金銭的メリットが税制優遇措置と同額になるように設定されています。）

寄付者の支払い負担は同じなのに、
マッチング寄付のほうが寄付は増える！

※①の優遇幅は、経済実験上の仮のもので、現実のものとは異なります。

+αのレッスン　日本のマッチング寄付の事例数は多くないですが、「三菱電機 SOCIO-ROOTS基金」という社員向けの事例があり、1992年から始まっています。

よくないことにはよくないようにし返す「負の互恵性」

こんな額じゃ
いっそゼロ
でいいや

最後通牒ゲームという実験

利他性を測定する独裁者ゲーム（P134）と似た実験に、**最後通牒《つうちょう》ゲーム**というものがあります。独裁者ゲームとの違いは、**受益者は配分者の提案に異議を唱えて、お互いの配分額をゼロ円にできる権利がある**点です。

利己的な人間を想定する従来の経済学の予想は、配分者は1円を受益者に渡して、残りの99円を自分のために配分するというものです。「受益者は、拒否するよりは、受け入れて1円でももらうほうがうれしいと考えているだろう」と配分者が予想するからです。

1割6分以下では拒否される

過去の実験結果では、**4割程度を受益者に渡す**ことが多いことがわかっています。独裁者ゲームの実験結果は3割弱程度の配分でしたが、拒否される可能性が生まれると、より多く渡すようになるのです。

また、**1割6分以下の配分額では、受益者に拒否される**ことが多いこともわかっています。受益者が拒否する理由の1つに、「少ない金額しかくれなかったので、いっそのことゼロ円にしてしまおう」という**負の互恵性《ごけいせい》**が働いていると考えられます。

+αのレッスン 配分者から4割より多い提案を受けた場合には、その提案を拒否する受益者はまったくいないことがこれまでの研究結果からわかっています。

● 最後通牒ゲームの仕組み

あなたに1000円を与える。Bさんはあなたが1000円をもらうことを知っている。あなたの好きな配分で、Bさんと分けてみよう。

Step 1

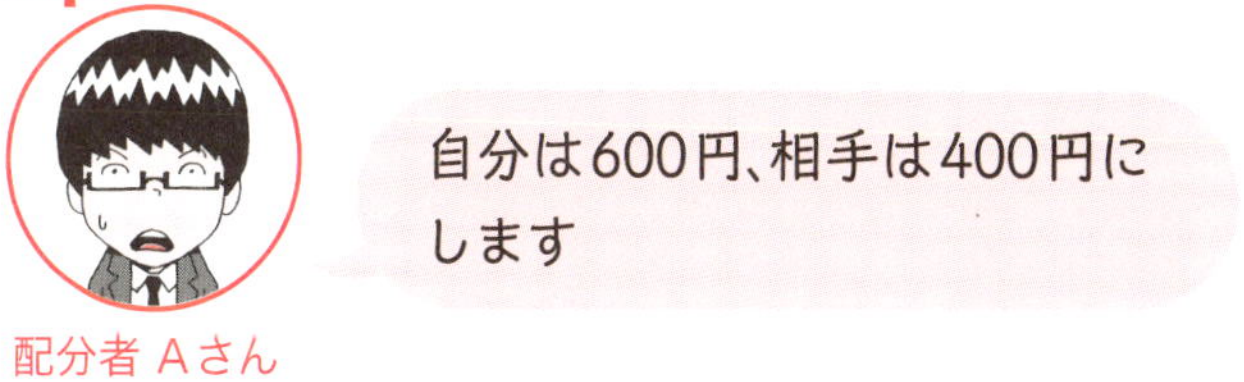
自分は600円、相手は400円にします
配分者 Aさん

Step 2

受入れます
拒否します
受益者 Bさん
600円
400円
0円
0円

➡ **従来の経済学が予想するより、高い金額が配分される！**

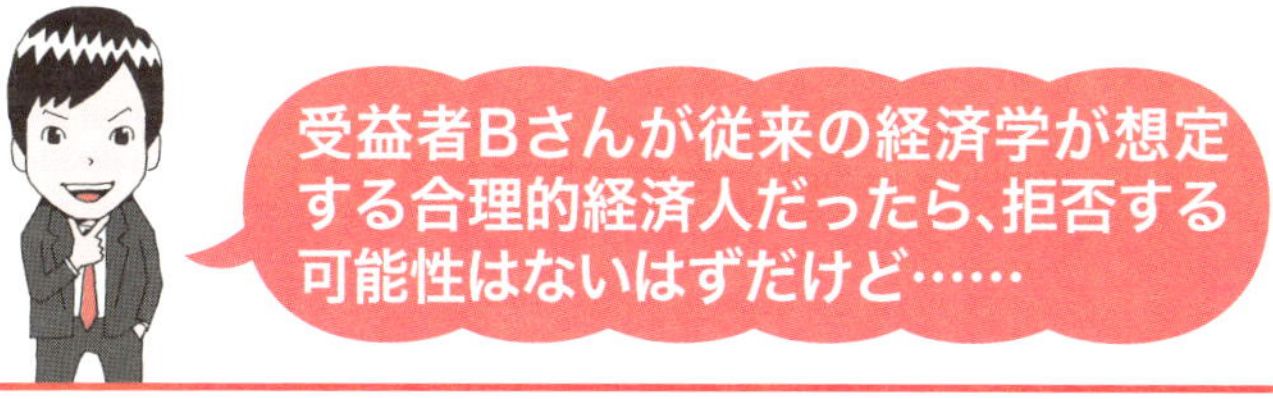
受益者Bさんが従来の経済学が想定する合理的経済人だったら、拒否する可能性はないはずだけど……

+αのレッスン 配分者の提案を不公平な配分だと感じることも、受益者が提案を拒否する理由の1つだと考えられています。

自分と他人の違いを気にする人は寄付しやすい

貧富の格差が気になる

自分と他人の違いが気になってしょうがない人がいます。この傾向を、行動経済学では**不平等回避**と呼びます。そして、不平等回避的な人は寄付しやすいといわれています。寄付を求める人は一般的に貧しく、自分よりも所得が低いことが多いでしょう。不平等回避的な人は、自分と他人の所得格差を嫌うはずです。彼らは、**寄付することで自分と他人の所得の不平等を正そうとする**のです。お金持ちが寄付するのは、彼らに経済的な余裕があるからだけでなく、不平等回避的だからかもしれません。

日本人は寄付に向いていない!?

すべての種類の不平等を嫌う人もいれば、あるタイプの不平等だけを嫌う人もいるでしょう。たとえば、**自分の所得が他人よりも低い場合にはとても気になるけれど、逆の場合にはあまり気にならない**という人もいるでしょう。もし不平等回避の人のなかでこのタイプの人が多数派なら、回避傾向が強くても寄付行動につながりにくいかもしれません。大阪大学社会経済研究所のアンケート調査によると、不平等回避的な日本人には、自分が不利な状態だけをより気にする人が多いことがわかっています。

自分が不利
なのは
とくにイヤ！

+αのレッスン 多くの実験研究から、国や文化の違いにかかわらず、不平等回避の傾向は強く観察されることがわかっています。

● 寄付者が豊かな場合の不平等回避

+αのレッスン 不平等回避の傾向は、人類だけでなく、霊長類全般で同じように観察されることもわかっています。

SOCIAL CONTRIBUTIONS

ほかの人が寄付するなら自分も寄付したくなる

初心者はとくに影響される

節電や納税と同じように、他人が寄付しているのを見ると自分も寄付したい気持ちになります。「○○さんが寄付しています」という情報を得ることで、私たちは、寄付先団体のことを**信頼できる団体だ**と思ったり（**シグナリング**）、ここでは**寄付するのがふつうだ**という**社会規範**のようなものを感じたりするのです。

とくに、初めて寄付するような初心者は、他人の影響を受けやすいようです。どこにいくら寄付するかを自分だけで決めるのは案外難しくて、他人の行動が手がかりになるのでしょう。

「ほかの人は３００ドルでした」

米国の公共ラジオ放送の資金調達キャンペーンで行われた実験があります。寄付したいと電話をかけてきたリスナーに、「別の方は、75ドル寄付してくれました」「１８０ドル寄付してくれました」「３００ドル寄付してくれました」などとランダムに応答しました。

その結果、別の人が３００ドル寄付したという情報を受けたグループで、平均の寄付金額が最も高かったのです。他人について何の情報も受け取らなかったグループに比べて、約12％寄付金額が高くなったそうです。

あの人がやっているのなら……

＋αのレッスン　他人が寄付する情報を見て、自分も寄付したくなったり、もっと高い金額で寄付しようと思ったりする人のことを、「同調的な人」とも呼びます。

● 米国の資金調達キャンペーンでの実験

ラジオの番組を聞いて、リスナーが電話をかけてきた。

寄付したいのですが
先ほど電話してきた方は、
300ドル寄付してくれました
(心の声)じゃ、私も多めに
寄付しようかな

■ 単純な寄付依頼と他人の情報を受けた場合の比較

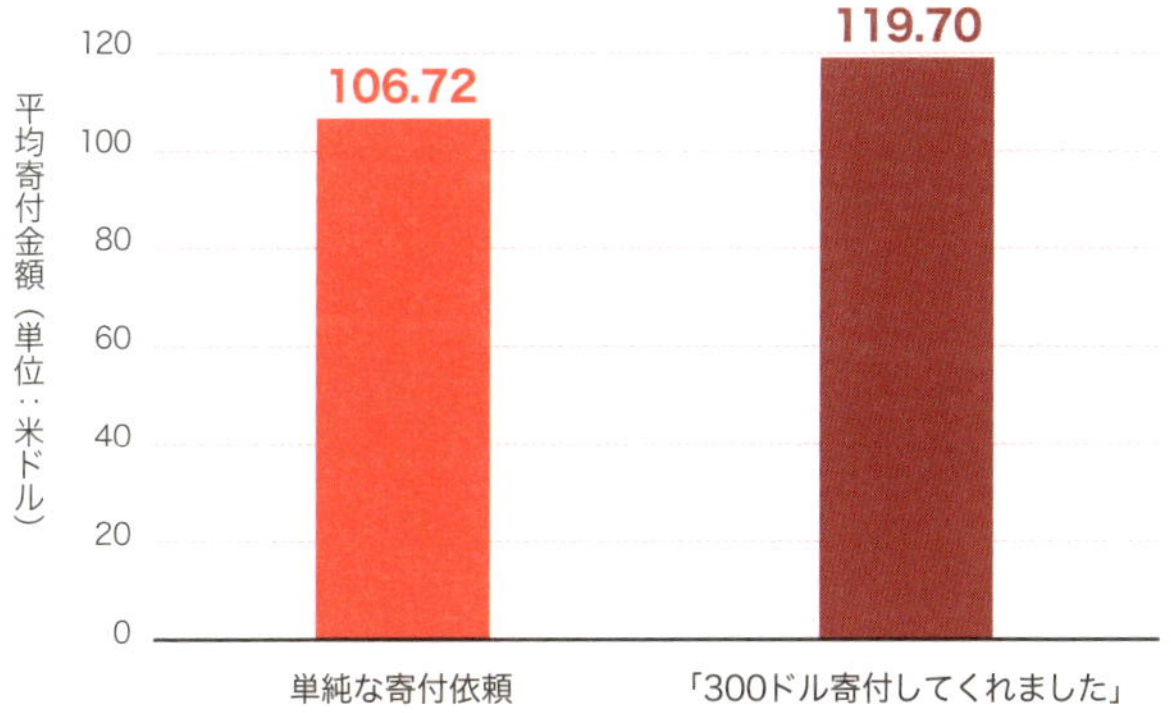
平均寄付金額(単位:米ドル)
120
100
80
60
40
20
0
106.72
119.70
単純な寄付依頼
「300ドル寄付してくれました」

**他人の情報を受けた場合のほうが、
寄付額が10ドル以上も高くなっている。**

Shang and Croson (2009)

+αのレッスン　純粋に利他的な人が他人の寄付情報を見ると、十分寄付されたと感じて寄付しなくなります。この実験結果は平均的に同調的な人が多いことを示しています。

SOCIAL CONTRIBUTIONS

依頼のプレッシャーから逃れるために寄付する

仕方なく寄付する人の内面

寄付募集の現場をよく見てみると、寄付を依頼されたときに仕方なさそうな顔をしながら財布を出す人がいることに気づきます。もし頼まれて寄付する人の全員が利他的なら、寄付で彼らの効用が高まっているのですから、仕方なさそうな顔はしないはずです。

どうやら頼まれて寄付する人のなかには、寄付することによる利他的な効用を求めて寄付する人と、**寄付すれば依頼のプレッシャーから逃れることができるので寄付する**人の2タイプがいるようです。

避けられるなら避けたい

もし依頼のプレッシャーから寄付する人がいるなら、**プレッシャーを避けることが可能な状況では彼らは進んで寄付しない**はずです。米国の研究では、戸別訪問型の寄付募集を行うときに、事前に訪問することを知らせるチラシを送付しました。さらに一部のチラシに、訪問を希望しない時のためにチェックボックスも加えました。チェックしたチラシをドアノブに掛けることで、その態度を示すことができます。その結果、**チラシを受け取った家庭で、訪問時に応対してくれる割合が低かった**のです。

来週の月曜日
寄付の依頼が
くるならば……

+αのレッスン

仮に寄付をお願いする相手の利他性が低くても、相手にとって避けることが難しい状況でお願いをすれば、寄付する可能性は高まることがわかります。

● 寄付依頼プレッシャーの影響

下のグラフは、ファンドレイザーの訪問前に、訪問日時を伝えておくチラシの有無で、訪問時にドアを開けて出迎えてくれた家庭の割合を示す。

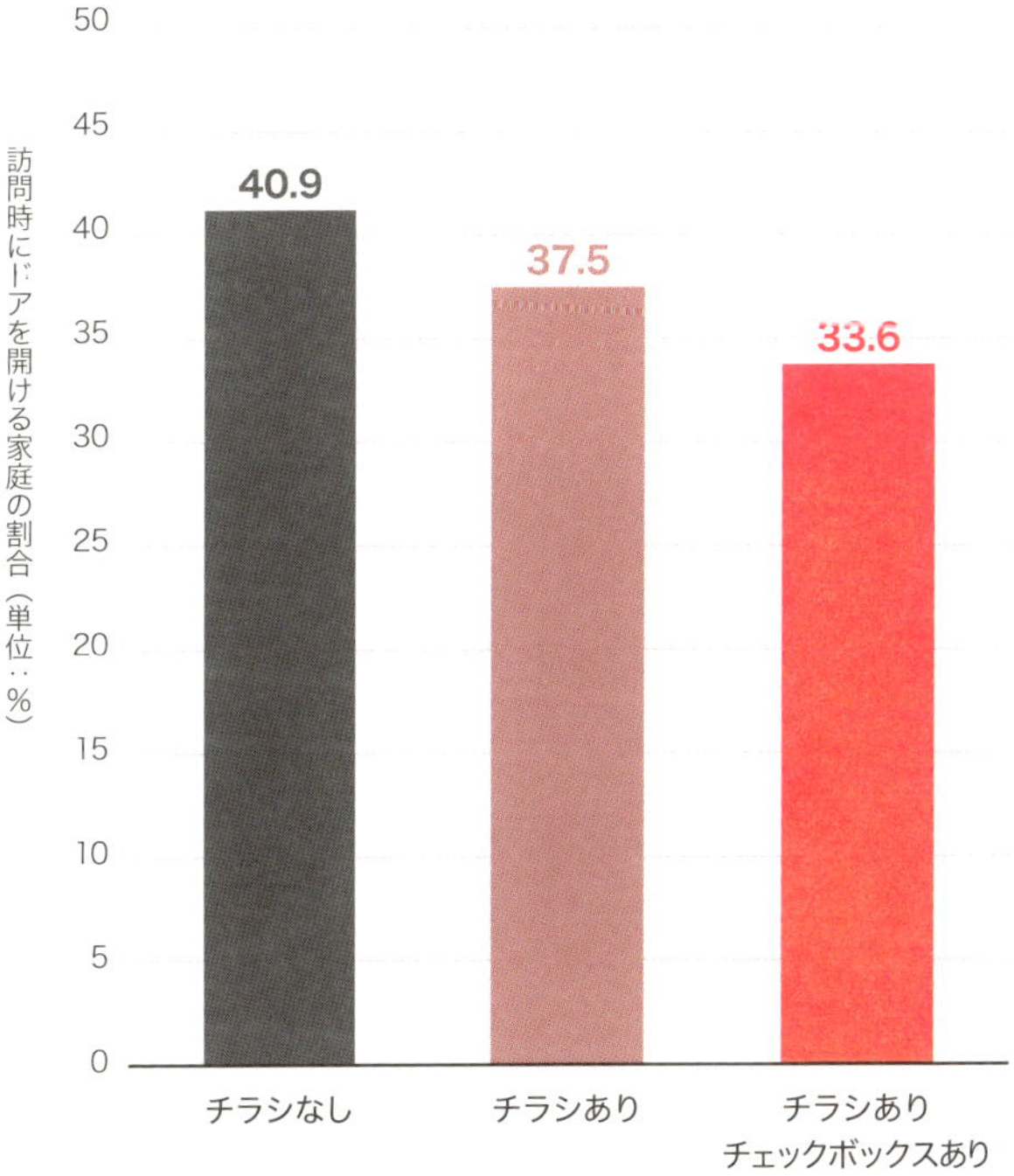
訪問時にドアを開ける家庭の割合（単位：%）
50
45
40
35
30
25
20
15
10
5
0
40.9
37.5
33.6
チラシなし
チラシあり
チラシあり
チェックボックスあり

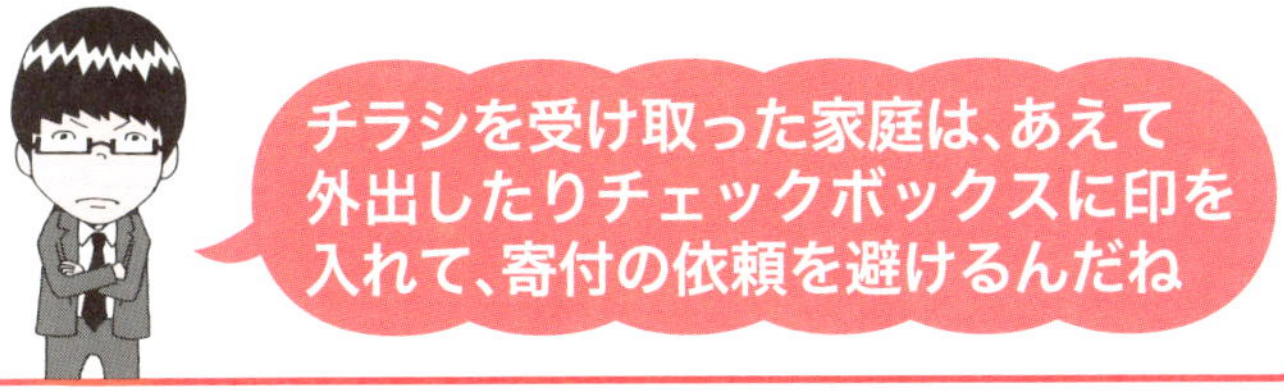
チラシを受け取った家庭は、あえて外出したりチェックボックスに印を入れて、寄付の依頼を避けるんだね

DellaVigna et al. (2012)

+αのレッスン 一方で、避けられない状況で行った寄付は、寄付者の効用を追加的に高めるものではないので、留意する必要があるでしょう。

SOCIAL CONTRIBUTIONS

金銭をもらってしまうと善意の気持ちが削がれる

純粋な気持ちで参加したけど

社会や他人の役に立ちたいという純粋な気持ちからボランティアに参加したのに、予期せず、金銭的な報酬を受け取ってしまうと、何だかなぁ……という気持ちになる人はきっと多いと思います。海外の研究では、ボランティアは、**金銭的な報酬が支払われないときのほうがより働く**、という結果が報告されています。

このように、**金銭的な報酬が支払われることで、社会貢献したい気持ちが削がれる現象**を、利他性のような**内発的動機のクラウディングアウト**と呼びます（P54）。

どうしてもお礼したいなら

一方で、ボランティアを募集した団体側が、何かの形でお礼をしたい、という気持ちになるのは自然なことです。その後の研究では、内発的動機のクラウディングアウトは、金銭そのものを報酬として提供したときにとくに大きいこと、**たとえ金銭的な価値があっても、何か別のものに代えて渡したとき**は、クラウディングアウトはそれほど大きくないことがわかっています。善意の気持ちで参加して、がんばってくれたことに感謝を伝えたいときは、プレゼントを渡すのがよいかもしれません。

感謝の気持ちを伝えたいけど……

+αのレッスン 寄付もボランティアもともに社会貢献活動ですが、理論的には、高所得層の人は寄付しやすく、低所得層の人はボランティアをしやすいといわれています。

● ボランティアは無償の奉仕？

初めてのボランティア
よしっ がんばるぞっ
○○海岸
クリーンキャンペーン
参加者の皆様には終了後に3000円お渡しします
えっ……
ガーン

「無償の奉仕」を求めている人たちに、お金による感謝の伝達は逆効果

+αのレッスン 東京五輪のボランティアについては、活動内容に比べ金銭的報酬がほとんどないことについて、日本社会で物議を醸しています。

SOCIAL CONTRIBUTIONS

利他的な人は 働き方まで利他的

看護師の利他性と賃金水準

利他性は、寄付行動のような社会貢献的な行動に影響を与えるだけでなく、**働き方にも影響を与える**ことがわかっています。看護師ではその傾向がとくに顕著です。もともと看護師の賃金は、同じように高い技能水準をもつ人たちに比べて低くなっている、といわれてきました。**利他性や使命感をもつ看護師は、医療現場で働くことにやりがいを感じるので、その分働いてもよいと感じる賃金の水準が下がり**、低い賃金の下でも就業して、高いクオリティの看護を行ってくれるのかもしれません。

利他性が高いと地方に行く

もちろん、看護師のなかにも利他性の高い人と低い人がいるでしょう。看護師のなかで比べたときにより**利他性の高い看護師は、医療サービスの提供が不十分な田舎の病院を職場として選択しやすい**ことがわかっています。また、筆者らの研究から、利他性のなかでも純粋な利他性をもつ看護師は心理的に**バーンアウト**しやすいこと、精神安定剤や抗うつ剤、睡眠薬を服用している可能性が高いこともわかってきました。患者を含め他人を思いやるあまり、自分まで精神的に辛くなってしまう可能性があります。

やりがいと
賃金の
どっちも重要

+αのレッスン 看護学校の入学案内を取り寄せると、「相互尊重と利他の精神に基づいて行動する看護師を育成する」という教育方針を目にすることが多いです。

● 利他的な看護師の働き方

■ 地方で働く

■ 燃えつきやすい

Lagarde and Blaauw (2014)、佐々木ら (2017)

+αのレッスン

バーンアウト：長期間、自分の対処能力を超えるような過度のストレスを受け続けたときに意欲などが減退し、疲れ果ててしまう症状のこと。

SOCIAL CONTRIBUTIONS

いい人材を集めるにはCSRが有効

仕事で社会貢献をしたい

企業イメージが向上する

今、**企業の社会的責任**（**CSR**）が注目されています。**CSRとは環境・社会の持続可能性に対する企業の責任のこと**です。日本では環境保護や慈善活動として認識されていますが、IR活動、労働環境の改善や雇用創出、商品やサービスの品質改善などもCSR活動に含みます。CSR活動を積極的に推進することは、企業の費用を増やします。しかし一方で、CSR活動が世間に認識され評価されることで、企業イメージの向上と消費者の増加による利潤の獲得が見込める可能性があります。

協調性のある人材が集まる

CSR活動に熱心な企業に就職したい、という学生が増えています。最近の研究によると、**CSRの支出が多い企業ほど、従業員の賃金が低い**傾向にあるそうです。賃金以外にやりがいを感じているからかもしれません。社会貢献に熱心な職場のほうが協力的な行動が見られるという研究結果もあります。

採用活動では、個人のスキルだけでなく仲間と協働できる人材かどうかの見極めも重要です。CSR活動で自社と社会に貢献できる有能な人材を集めてみてはいかがでしょうか。

+αのレッスン **IR活動**：Investor Relationsの略で、投資家に対する広報活動のこと。財務状況や業績動向などの情報を的確に提供し株主と良好な関係をつくる取り組み。

● CSR活動に積極的な企業にいい人材が集まる仕組み

周りと協力して仕事に取り組む。

他人の働きにただ乗りしようとする。

+αのレッスン

社会的責任投資（SRI）：企業の社会的責任（CSR）に配慮した持続可能な経営を求めていく投資のこと。

SOCIAL CONTRIBUTIONS

仕返しよりも**お返し**のほうが経済的な**成功を導く**

互恵性、一字違いで大違い！

負の互恵性《ごけいせい》（P144）は、「やられたらやり返す」という仕返しに当たるものです。一方で、「親切にしてくれたから親切にする」というお返しをすることもあると思います。こちらは**正の互恵性**と呼ばれます。

正の互恵性をもっている人の給料を上げた場合、給料が上がったことに感謝して、期待に応えられるように**給料以上の働きをするようになる**と考えられます。一方、利己的な人の給料を上げたとしても、単によかったと思うだけで、給料以上の働きをするとは考えられません。

情けは人のためならず

ドイツで行われた調査では、**正の互恵性をもっている人のほうが、残業時間が長く、欠勤日数が少なかった**そうです。さらに、誠実に働く傾向があるだけでなく、賃金が高かったそうです。経営者は高い給料を払えば、給料以上に働いてくれることを知っていたのです。

正の互恵性は、まさに「情けは人のためならず」を表していると考えられます。親切に対して親切をお返しすることは、賃金が上がるというように、巡り巡って、自分にとってよいこととして形を変えて戻ってくるのです。

目には目を
ではなく
親切には親切を

+αのレッスン

逆に、負の互恵性をもっている人は、現在失業している可能性が高く、将来に失業する可能性も高くなるという研究結果が報告されています。

● あなたはどのタイプ？

問 次の各項目は、あなたにどれくらい当てはまりますか？

■ 正の互恵性

・頼みごとを聞いてもらえたらお返しする。

・以前親切にしてくれた人には労を厭わず手助けする。

・以前私に親切にしてくれた人は身銭を切ってでも助けるつもりだ。

■ 負の互恵性

・ひどく不当な扱いを受けたら、どんな犠牲を払ってでも復讐する。

・誰かに苦境に追いやられたら、その人に同じことをする。

・誰かが私の機嫌を損ねたら、私もやり返す。

+αのレッスン 20代・30代など若い世代を中心に、「人に情けを掛けて助けてやることは、結局はその人のためにならない」という意味で理解している人も多くいます。

SOCIAL CONTRIBUTIONS

感情とともに強まる行動経済学的バイアス

怒りっぽい人・怖がりの人

自分にとって予期せぬ事態が生じたとき、その事態に怒りを覚える人と、恐怖を覚える人がいます。**どちらの感情を抱きやすいかで、その人の意思決定の特徴も異なる**ようです。

怒りっぽい人は危険愛好的な傾向をもちます。彼らは、不確実なことが確実に生じるように感じる結果、リスクの大きい選択肢を取りやすくなります。一方で、**恐怖の感情を抱きやすい人は危険回避的**な傾向をもちます。ある程度確実なものでも不確実性をより大きく感じるため、リスクを避けがちになります。

怒りっぽさの陰と陽

怒りっぽい人は株や投資信託などの投資で損をしたとき、怒りから危険愛好的になることで損切りできず、さらに投資を続けてしまうかもしれません。一方で、ふつうの人なら不確実性を恐れてなかなか踏み出せないことも、選択できる可能性もあります。

起業には不確実性が付きものですが、怒りという感情のおかげで挑戦できる可能性があります。また、自分の命を助けられるような医療的措置に一定のリスクがあるときでも、感情のおかげで踏み出せる可能性があります。

+αのレッスン　メンタルが重要な役割を果たすような戦略的なゲームでは、怒りの感情を抱いてしまうことで、成績が悪くなってしまうことを示した研究があります。

● 予期せぬ出来事の2つの受け止め方

株の暴落
予期せぬ事態！
急病
ビックリ!!
ビックリ!!
怒りっぽい人
怖がりの人
怒り
イライラ
どうしてこんなコトになるんだ
恐怖
オロオロ
自分がこんなふうになってしまうなんて……
危険愛好的
ギャンブルできる
危険回避的
石橋をたたく
感情をじょうずにコントロールできたらいいね

Ferrer et al. (2015)

＋αのレッスン 怒っている人は、他人との協力行動も取らなくなるそうです。また、他人を厳しく罰する傾向も強くなることが経済実験の結果からわかっています。

給料日前はバイアスが強くなる

貧困でバイアスが強まる

　貯金が少なくなったりして生活が苦しくなると、精神的な余裕もなくなる、ということがあると思います。じつは、これまで見てきた行動経済学的なバイアスは、**経済的な困窮状態から影響を受ける**ことがわかってきました。

　米国で、**現在バイアス**（P40）を測定する調査を行ったとき、あるグループには給料日前に、別のグループには給料日後に調査に参加してもらいました。その結果、給料日前で困窮している時期の参加者のほうが現在バイアスの傾向が強いことがわかったのです。

高い認知能力でリスクが取れる

　年齢を重ねるにつれ、好みが変わっていくことを実感する読者も多いのではないでしょうか？　近年の研究では、**加齢がリスクに対する態度に影響を与える**ことがわかってきました。

　日本の高齢者の金融資産が、おもに貯蓄に回っていることはよく知られています。年を重ねると、リスクをなかなか取り辛くなりますが、それは、記憶力や数学能力などの認知能力が衰《おとろ》えてくるからだということを示した研究があります。逆に**認知能力を維持すれば、年をとっても必要なリスクを取っていける**ということです。

＋αのレッスン　経済的な困窮状態は、人の認知能力を阻害することが別の研究で指摘されています。

● お金のあるとき、ないとき

給料日前　　**給料日後**

・現在バイアスが強くなる

・目先の利益に飛びつき、大事なコトは先延ばしにしがち

貧乏、暇なし。将来のことまで気が回らないんだね

Carvalho et al. (2016)

+αのレッスン 日本では、貯蓄残高から負債残高を差し引いた純金融資産の9割を、60歳以上の高齢者が世帯主の世帯が保有しているといわれています。

SOCIAL CONTRIBUTIONS

私たちの好みは一定ではなく移ろうもの

大きなストレスで変化する

これまで見てきた、我慢強さ・リスクに対する態度などの好みは、人生を通じて変化しないのでしょうか？　従来の経済学では、人の好みは生まれながら決まっていると想定していましたが、行動経済学研究から、**大きなストレスにさらされるような出来事**に遭遇したときに、**人の好みは変化する**ことがわかってきました。

みなさんも、このことは日常的に体感しているのではないでしょうか？　たとえば、東日本大震災のような災害の直後は、人々が利他的になったように感じます。

被災地域では危険中立的に

じつは、東日本大震災が、人々の利他性ではなく、**リスクへの態度を変化させた**ことを示した研究があります。２０１１年の東日本大震災の前後で、被災地とそれ以外の人々の間で危険回避傾向がどのように変化したかを調べたところ、被災地域のとくに男性の間で、**危険回避傾向が低く**なっていることがわかりました。言い換えれば、より危険中立的になり、リスクの伴う選択肢を選べるようになったということです。実際、震災後に、彼らのギャンブル経験が増えていることもわかっています。

三つ子の魂百まで、ではない？

+αのレッスン　筆者らの最新の研究では、2016年の熊本地震前後で、被害のあった九州地方近郊在住者の利他性が上がっていることを示唆する結果が得られています。

● 東日本大震災の前後の危険回避傾向

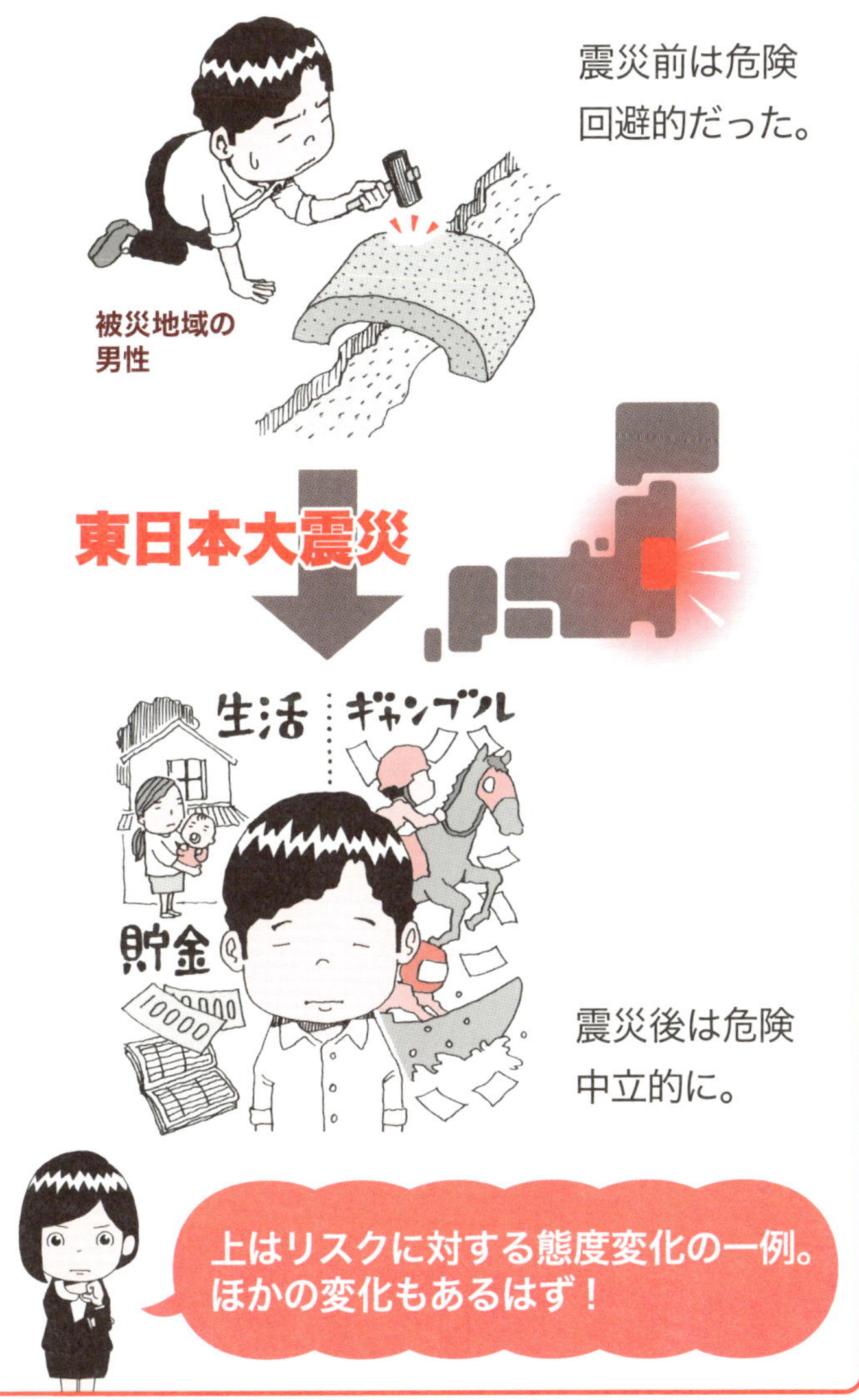
震災前は危険回避的だった。
被災地域の男性
東日本大震災
生活
ギャンブル
貯金
10000
震災後は危険中立的に。
上はリスクに対する態度変化の一例。ほかの変化もあるはず！

Hanaoka et al. (2018)

＋αのレッスン 世界の研究を見ると、自然災害が被災地の人々を危険回避的にするという結果と、危険中立的にするという結果が混在していることがわかります。

SOCIAL CONTRIBUTIONS

学校教育で利他性や互恵性を育む

協力的な
活動に
取り組もう

グループ学習で協力的になる

親なら誰しも、わが子に先延ばし傾向のような特性は備わってほしくないと思い、一方で利他性や互恵性のような協力行動につながる特性は備わってほしいと思うでしょう。近年の研究では、**学校教育でグループ学習を取り入れている場合に、他人への信頼感が増す**ことがわかっています。日本の研究でも、小学校のときに参加型の教育を経験していると、**利他的で、互恵的な考えをもちやすい**ことがわかってきました。他人と協力することを求める教育は、人の特性も協力的なものに変化させるのかもしれません。

順位を付けないと利他性が低下!?

一見、利他性や互恵性を育むような教育に見えても、まったく逆の効果をもつものがあります。それは、様々な成績の順位を付けない教育です。日本の研究によると、**成績の順位を付けない非競争的な教育を受けた人たちの利他性は低く、協力に否定的で、やられたらやり返すという価値観をもっている**ことがわかりました。著者らは、非競争的な教育は、能力は人により大きく違わないという感覚を育み、社会に所得の低い人がいるのは、彼らの努力が足りないからと感じるのではないか、と議論しています。

+αのレッスン 学校教育は、行動経済学を含む経済学の重要な研究トピックです。一連の研究成果は、中室牧子『「学力」の経済学』で紹介されています。

● 教育方針と利他性の関係

① グループ学習

利他性や互恵性、信頼感が育まれる

② 非競争的な教育

利他性や互恵性が損なわれる?

Algan et al. (2013)、Ito et al. (2014)

+αのレッスン 日本の同じ研究グループの別の研究によると、神社・寺院・地蔵の近くで育った人は、一般的に信頼感が高く、互恵的で利他的であるそうです。

社会に根付いてきた
クラウドファンディング

▶行動経済学的な仕掛けの総合デパート

クラウドファンディングは、不特定多数の人にやりたいことを宣言し、賛同・共感してくれた複数の人から小口の支援を集めて、目標金額を調達する方法です。じつは、この募集サイトには、行動経済学の知見に基づいた、人々の支援行動を増幅するための仕掛けがたくさん施されています。

１つ目は、ギフト（お返し）の提供です。多くのサイトでは、支援をすることでギフトが受け取れるようになっています。この工夫が、もちつもたれつの気持ちから支援をする互恵的な人たちをひきつけています。

▶ほかの支援者の行動を可視化

２つ目は、ほかの支援者に関する情報の提供です。サイトには、過去の支援者の数や目標達成率、コメント機能のように、他者がどのように支援しているかが可視化されています。この工夫が、ほかの人が支援しているから自分も支援すべきだ、あるいは、このプロジェクトは信頼に足るものだ、という気持ちから支援する同調的な人をひきつけています。さらに、支援先の様子を捉えた写真や、共感を呼びかけるために巧みに編まれた文章は、支援先が喜ぶことで自分もうれしくなるという、純粋に利他的な人たちまでひきつけるのです。

4章

投資に役立つ 行動経済学

執筆　高阪勇毅

Youki Kohsaka

超低金利が続いている今の日本では、銀行に預けてもほとんどお金は増えません。株やFXに挑戦している人も多いでしょう。職場や取引先で話題になることもあるはずです。じつは市場経済にも人間の思考の癖が影響を与えています。投資の話を中心に、ここまでより少し具体的に人間の思考の癖を見ていきましょう。

先輩……!
先輩……!
ぼおおおお
先輩ってば!!
おお、藤沢か……営業帰りか？偶然だな
何か悪いことでもありました？顔色ヤバいですよ！
ガタン
ゴトン
じつは株で失敗して貯金残高がエラいことに……
ずーん…
あちゃ～
株価が下がり始めたとき売るかどうか迷ったんだよな～
あのときどうして売らなかったんだろう……
う～ん とりあえず様子見かな…
そうだ！いつもの先生にアドバイスもらったらどうですか？
最近先輩が成績いいのってあの先生のおかげですよね？

しかし さすがに 投資や貯金は 分野外じゃ ないかな？
――てなことを 話してると……
そんなこと ないですよ！
やっぱり!!
行動ファイナンスは 最近注目の 研究分野ですから いろいろわかって いますよ♪
マジで!?
よーし!! そいつを 猛勉強して
損失分を 取り返すぞ!!
うーん、 その思考がすでに ちょっと危険なんです けどね……
先輩ぃ～
えええ～!?

BEHAVIORAL FINANCE

行動経済学を投資に活かす 行動ファイナンス

絶対得する投資ってあるの？

アノマリーで動く金融市場

行動経済学は人間の行動バイアスを理解することで、人間の意思決定と経済現象の理解を深めてきました。**行動ファイナンス**では、その知見を活《い》かし、お金に関する意思決定と金融市場の新たな理解を目指しています。

ファイナンス分野では早くから行動経済学の応用が盛んです。金融市場は昔からデータ分析が進んでおり、**そのなかで既存の経済学では説明できない現象（アノマリー）も見つかっていました**。このアノマリーを解明するために、行動経済学の知見が活用されています。

自分を知って、リスクと向き合う

金融取引には、投資に対するリターンが将来にあり、不確実であるという特徴があります。銀行預金は事前に利息が確定していますが、投資の将来収益は不確実です。投資の成功確率の認識はたいてい主観的なものです。

また、金額が確定的な預金利息でも受け取れるのは将来です。投資収益や預金利息がお得かどうかの判断には**時間割引率**が影響してきます。**リスクに対する判断が必要な場合、リスクの発生確率（主観確率）、リスク選好（危険回避度）、時間割引率の理解が手助けになります**。

+αのレッスン **アノマリー**：ファイナンス分野では、とくに、効率的市場仮説（P174）に反して、収益機会が予想される現象をアノマリーと呼んでいます。

● 行動ファイナンスは行動経済学の応用分野

■ 古典的な経済学の見解

株式市場は合理的な投資家の判断によって、価格決定している。

そのわりに……

日経平均株価月足チャート

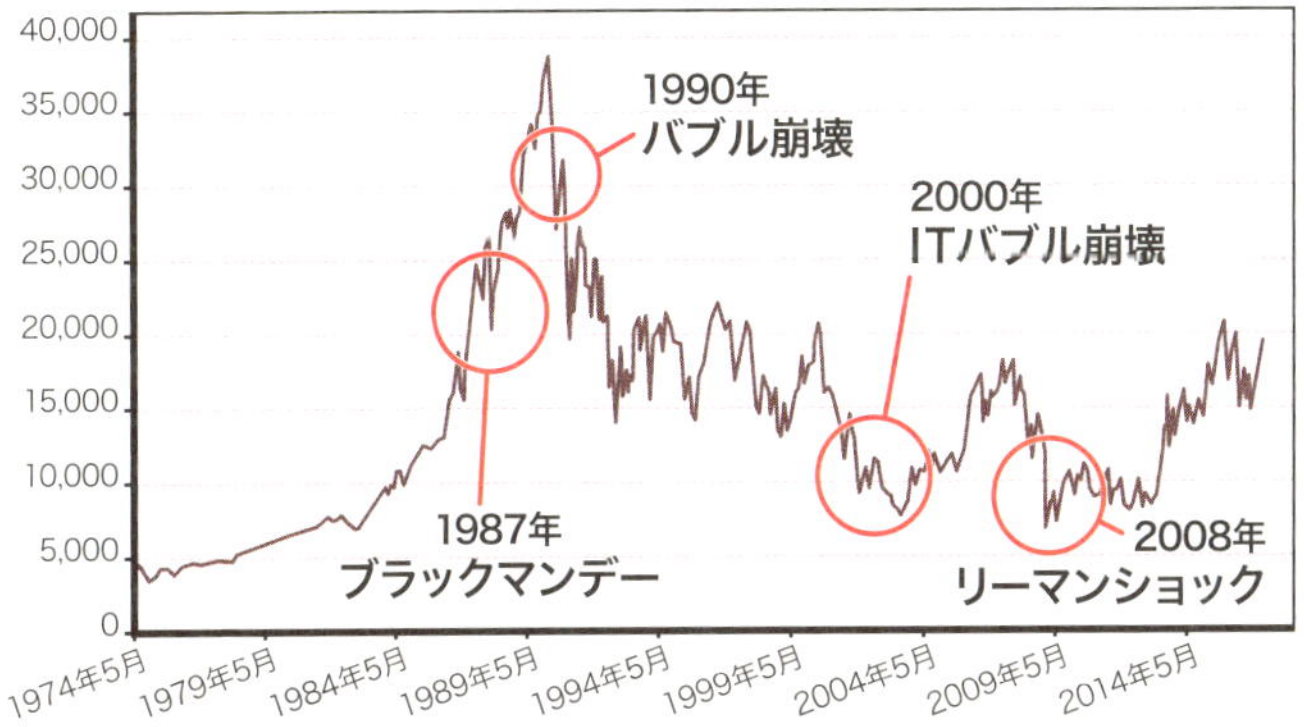
40,000
35,000
30,000
25,000
20,000
15,000
10,000
5,000
0
1990年
バブル崩壊
2000年
ITバブル崩壊
1987年
ブラックマンデー
2008年
リーマンショック
1974年5月
1979年5月
1984年5月
1989年5月
1994年5月
1999年5月
2004年5月
2009年5月
2014年5月

投資家は不合理でときにマーケットが機能しなくなる

不確実なリスクに対する意思決定では

- リスクの発生する**主観確率**
- リスクに対する**危険回避度**
- 将来の便益に対する**時間割引率**

が作用していると考えられる。

行動経済学と行動ファイナンスはともに発展してきました。行動ファイナンスは金融マーケットの分析に適用されています

+αのレッスン

リスク：将来の不確実性のこと。経済学では損失だけを意味するわけではなく、利益が不確実な場合にも「リスクがある」といいます。

BEHAVIORAL FINANCE

将来の株価は予想できない

「この株は絶対値上がりします」

絶対にもうかる株式投資はあるのでしょうか？　**残念なことに、経済学の授業では「将来の株価を予想できず、もうけられない」と教わります**。ある投資家が「Ａ社株がＺ円まで値上がる」という確かな情報を得たとします。Ｚ円以下で購入できれば利益が出せるため、この投資家はＺ円までその株を買い続けるでしょう。

ここで、ほかの投資家も合理的であり、同様の情報をもっていたとしましょう。すると、ほかの投資家も株価がＺ円以下なら、われ先にと、買い急ぐことになるでしょう。

情報はすぐに株価に反映される

多くの投資家が買い急げば、Ａ社の株価は一瞬にしてＺ円まで上昇します。このように、経済学では、情報は一瞬で株価に反映されると考えられています。そのため、**将来の株価に対する確かな情報を得たとしても、その情報は一瞬で株価に反映され、将来の株価の予想に利用できない**ことになります。

この考え方は**効率的市場仮説**と呼ばれ、１９６０年代から１９７０年代には支持する研究が主流でした。しかし、その後は反例を示す研究が増えています。

+αのレッスン

テクニカル分析：過去の株価を使って将来の株価動向を予想する投資戦略のこと。おもにデイトレーダーやディーラーが短期的な投資目的で利用しています。

● 3種類の効率性

「あらゆる情報が株価に反映される」論理的展開には次の3種類がある

効率的市場仮説❶　（情報源:過去の株価情報）

- 過去の株価から将来の値上がりがわかる投資家は、利益が出る限り、かならず買いまくっている
- 過去の株価情報は誰もが知っているため、ライバルが多い
- すでにもうからないレベルまで株価が値上がっているはず

↓

テクニカル分析ではもうからない

効率的市場仮説❷　（情報源:企業の公開情報）

- 決算財務情報などの公開情報から値上がりがわかる投資家は、利益が出る限り、かならず買いまくっている
- 過去の株価情報は誰もが知っているため、ライバルが多い
- すでにもうからないレベルまで株価が値上がっているはず

↓

ファンダメンタル分析ではもうからない

効率的市場仮説❸　（情報源:企業の内部情報）

- 内部情報から将来の値上がりがわかる投資家は、利益が出る限り、かならず買いまくっている
- すでにもうからないレベルまで株価が値上がっているはず

↓

インサイダー取引でももうからない

過去の株価情報、企業の公開情報、内部情報、これら3つとも即座に株価に反映されるので、将来の株価は予想できないとされている

+αのレッスン　**ファンダメンタル分析**：財務情報などの公開情報や経済指標を使って、適正な株価を予想する投資戦略のこと。おもに長期的な投資目的で利用されています。

裁定取引を使えば確実に利益を出すことができる

安く買い
高く売る
の一種

別にあやしい方法ではない

株式市場にはもうけたい投資家たちが集まっています。すると、株式市場では、経済学の想定する「合理的な行動」ばかりが観察できるのでしょうか？

株式市場で見られる合理的な行動の1つに、**裁定取引**があります。**裁定取引とは、元手もリスクなく、確実にもうけられる取引のこと**です。たとえば、東証と地方の証券取引所に同時上場している企業の取引所ごとの株価の違いや日経平均株価などの指数と指数先物商品の値段の違いを利用することで、裁定取引が可能です。

一時的に需給がゆがむ瞬間を狙う

A社が東証と札証に上場しているとしましょう。どちらで買っても株の価値は同じです。そのため、株価も同じであるべきです。しかし、一時的な需給のゆがみによって、微妙に価格差が生まれることがあります。**もしも、東証のA社株のほうが安かった場合には、東証で買って、札証で売ることで、一瞬にして差額の利益を手にすることができます**。このように割安・割高の判断が容易な場合には、投資家の合理的な裁定取引が実施されやすく、2市場間の株価の違いも是正されるようになっています。

+αのレッスン

日経225裁定取引：発注が電子化されていなかった昔は、225銘柄を取り引きするのが困難であり、実施していた参加者はごく一部でした。

● 裁定取引（取引所間裁定）の仕組み

裁定取引では、元手もリスクもなく、確実にもうけることができる。

企業Aは●●証券取引所と××証券取引所に同時に上場している。それら2取引所でのA社の株価が異なるとする。

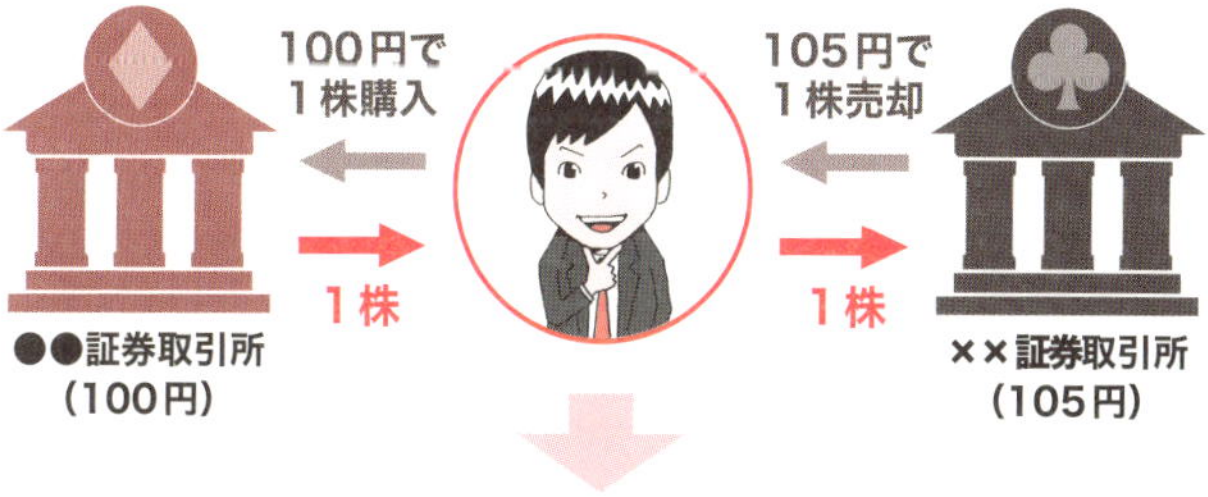

1株の裁定取引で5円の利益

●●証券取引所では、企業Ａ株の需要増加による価格上昇、××証券取引所では、企業Ａ株の供給増加による価格低下が発生し、「一瞬で」同じ値段になってしまうはず!!

+αのレッスン

ペアトレード：相関関係の強い同業種銘柄などの価格変動差を利用した取引戦略。割安なほうを買い、割高なほうを売るのは裁定取引と同じ。

BEHAVIORAL FINANCE

過去の記録に惑わされず未来を予想しよう

連続記録には反転を予想する

コイントスの結果を当てるゲームをしましょう。今、5回連続で表が出ています。次はどちらが出るでしょうか？　そろそろ裏が出そうだなんて思いませんか？

コイントスで表が出る確率も、裏が出る確率もそれぞれ50％です。そのため、表が5回連続で出ていても、次に裏が出る確率は50％です。

しかし、**確率が50％（ランダム）だからこそ、それまでの帳尻を合わせるように裏が出ると予想してしまう傾向があります**。これは**ギャンブラーの誤謬《ごびゅう》**と呼ばれています。

連続上昇記録でも確率は50％

２０１７年10月23日、日経平均株価は過去最長の15営業日連続上昇を記録しました。では、翌日の日経平均株価をどう予想しますか？

効率的市場仮説によれば、株価が上昇するか、下落するかは、それぞれ50％です。そのため、ギャンブラーの誤謬によって、下落を予想してしまう投資家もいるでしょう。しかし、23日が選挙の翌日で、それまでの連続上昇の要因が与党圧勝予想による政権安定化期待だったと知ればどうでしょうか？　**人間は多少の根拠があると、継続的な結果を予想してしまいます**。

上昇が
過去最長なら
明日は？

+αのレッスン　**日経平均株価連騰日数記録**：2017年10月2日から2017年10月24日までの16営業日。

● ギャンブラーの誤謬と日経平均株価の推移

■ コイントスのゲーム

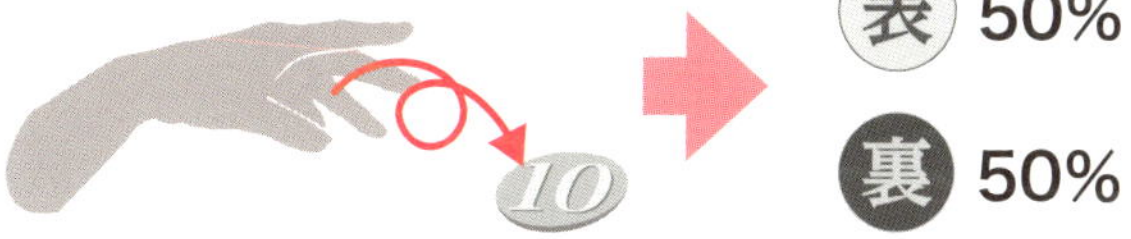

これは誰でもわかります。これを5回続けます。

1回目→表　2回目→表　3回目→表　4回目→表

5回目→

そろそろ裏が来るはずだ

↑

ギャンブラーの誤謬

■ 日経平均株価の連続上昇記録

実際、日経平均株価は2017年10月24日までの16営業日連続上昇を記録。

+αのレッスン **日経平均株価続落日数記録**：1954年4月28日から1954年5月18日までの15営業日。

BEHAVIORAL FINANCE

人間は直感に頼りがち

「なんとなく正しそうな」決断

時間のないなかで決断をする場合、人間は直感を重視した「なんとなく正しそうな」決断をしてしまいます。そこに人間の本質的な行動バイアス（**ヒューリスティック**）が見え隠れしています。

たとえば、「rから始まる英単語」と「3文字目がrの英単語」のうち、どちらが多いか聞かれたとしましょう。多くの人が「rから始まる英単語」を選ぶそうです。これは「rから始まる英単語」のほうが思いつきやすいためだといわれています。

ヒューリスティックに要注意

思いつきやすい事柄を重視してしまう特性は利用可能性ヒューリスティックと呼ばれています。思いつきやすいほど主観確率が高くなるため、遠方で起きた大地震であっても、その後に地震保険加入者が増えるといわれています。

株式投資家は、普段の生活で利用している商品の企業やテレビで見た企業に投資する傾向があります。また、ニュースサイトで「○社黒字回復」との見出しを見つけると、株価が上昇しそうに思えますが、予想を下回る黒字なら下落することもあるので注意しましょう。

経験と勘は投資の落とし穴？

+αのレッスン 利用可能性ヒューリスティックには、記憶の思い出しやすさ、印象の強さ、単語検索のような見つけやすさなどが要因になります。

● 利用可能性ヒューリスティック

思いつきやすい情報をもとに予想してしまう。

どちらの英単語が多いでしょうか？

① “**r**” で始まる英単語

② 3文字目が “**r**” の英単語

152人中105人が
①と回答

3文字目が “r” の英単語は
思いつきにくい

Tversky and Kahneman (1973)

■ 投資対象になりやすい企業

- テレビで特集された企業
- CMで好きなアイドルの登場する企業
- 普段利用している商品の企業
- 友達の働いている企業
- 地元企業

将来の企業を想像して
株式投資しよう

+αのレッスン

地元の上場企業に投資する傾向は親近感バイアスやホームバイアスと呼ばれます。地元民としての情報も活用しており、合理的な一面もあります。

BEHAVIORAL FINANCE

安易な予想はバブルのもと

人も株も
印象がとても
重要な要素

反核活動家の今を予想する問題

ヒューリスティックの例で有名になった**リンダさんの問題**を紹介します。リンダさんは31歳の独身女性です。とても頭がよく、率直な性格です。大学時代は哲学を専攻し、差別や社会主義の問題に興味をもち、反核デモにも参加していました。

そんな彼女の現在について、左のページの①から⑥を当てはまる順に挙げていきましょう。これに対し、**多くの方が④より⑥のほうが当てはまると回答します。しかし、冷静に考えれば④の確率のほうが高いことは自明でしょう。**

非合理的な共通認識の影響力

リンダ問題の場合、反核活動のプロフィールから今も何らかの活動家であることを連想してしまうことが原因です。このように、**特定の属性に対して特定の傾向を予想してしまう特性を代表性ヒューリスティックと呼んでいます。**

代表性ヒューリスティックは株式市場で様々なバブルの原因になっています。90年代後半頃のＩＴバブル、ＩＰＯバブル、株式分割バブルなど、**「○○な銘柄の株価が上がる」という投資家間の共通認識によって、合理的とは思えない高騰が発生していました。**

+αのレッスン
リンダ問題では④と⑥を複数の項目のなかに潜ませていますが、「④と⑥のどちらが当てはまるか」という質問でも⑥と答える人が多いといわれています。

● 代表性ヒューリスティックの一例

特定のカテゴリーに属する場合に、同じような傾向を予想してしまう。

リンダさんのプロフィール

31歳、独身女性。率直な性格で聡明。大学では哲学を専攻しつつ、差別や社会正義への関心をもち、反核デモにも参加していた。

リンダさんの現在はどれでしょうか？
当てはまると思う順番に並び替えてください。

① 小学校教師
② フェミニスト運動の活動家
③ 精神病院に勤務
④ 銀行の窓口係
⑤ 保険外交員
⑥ 銀行の窓口係でフェミニスト運動の活動家

④より⑥の可能性のほうが高いと
答える傾向があるみたい

Tversky and Kahneman (1983)

+αのレッスン **IPOバブル**：未上場の企業が取引所に上場する新規公開（IPO）において、上場前の売り出し価格に比べて上場後の株価が高くなる現象のこと。

BEHAVIORAL FINANCE

市場を極端にする空気の読み合い

ほかの人と同じように行動する

株式市場には、「買いが買いを呼ぶ」、「売りが売りを呼ぶ」という言葉があります。これは**群集心理による横並び行動**を表しています。人間には自分で考えることを避けたり、周りと同じ行動を取ったりする傾向があります。

そのため、**テレビで特集された成長企業や有名な投資家の推奨銘柄を、自ら企業情報を詳しく調べることなく、購入してしまう傾向があります**。バブルのような異常な高騰の背景には「買いが買いを呼ぶ」人間の横並び行動があります。大暴落についても同様です。

企業選びは美人投票と同じ

ケインズは投資家の行動を美人投票にたとえています。これは、ある企業の将来性に対する自分自身の期待よりも、**他者の平均的な期待が市場を動かす**ことを意味しています。

ほかの投資家の期待を予想するために、アナリストレポートを参考にするのもいいでしょう。ただし、アナリストもまた、ほかのアナリストや市場のムードに追随した横並び行動をする傾向があります。複数のアナリストが同じ予想をしていても、自分で冷静に投資判断することも忘れないようにしましょう。

他人の考えを
自分の頭で
考える

+αのレッスン

土地神話：「地価は値上がり続ける」という噂《うわさ》がバブル期に自己実現し、神話化。土地担保融資が繰り返され、バブル崩壊後は不良債権となりました。

● ケインズが唱えた「美人投票のたとえ」

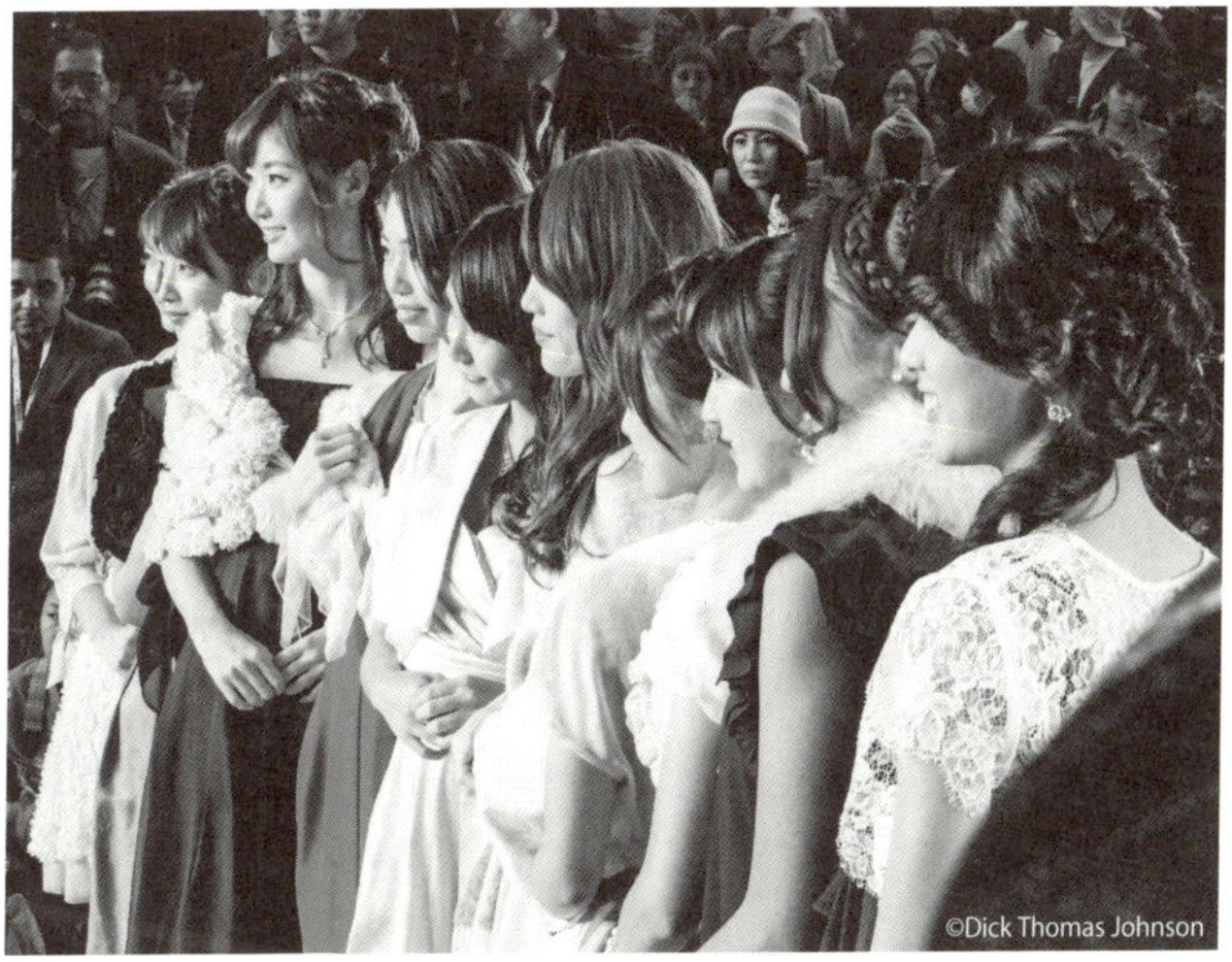

©Dick Thomas Johnson

誰が一番きれいか？

← これは株式市場のたとえではない。

■ 実際は……

ほかの人は誰を一番にするだろう？

← 株価は、企業への評価だけではなく、多くの投資家がどう評価するかにかかっている。

+αのレッスン **.comバブル**：90年代末のIT関連銘柄の高騰。当時の米国では社名に「.com」を含めるだけで高騰し、崩壊後は「.com」を外すと高騰しました。

BEHAVIORAL FINANCE

無関係な情報に左右される

アフリカの国とルーレットの数

国連に加盟している国のうち、アフリカの国の割合を聞かれたら、何%と答えますか？　カーネマンとトゥバスキーは、被験者に0から100の数字が書かれたルーレットを回してもらい、止まった数字を見せた後に前述のクイズを出題しました。すると、**ルーレットで10が出た被験者の回答は平均25%、65が出た被験者の回答は平均45%でした**。つまり、クイズの前に見た数字で回答の大小が変わるのです。

このように**事前の情報をもとに予想してしまう傾向をアンカリング効果**といいます。

真っ先に高い売値を提示しよう

米国で行われた不動産仲介業者に住宅価格を査定してもらう実験を紹介します。仲介業者には売り手の希望価格と物件情報をまとめた資料を渡し、実際に物件を見てもらったうえで、査定してもらいました。

この実験では、半数の仲介業者には相場よりも12%高い売り手の希望価格を提示し、半数の仲介業者には相場よりも12%低い売り手の希望価格を提示しました。その結果、**売り手の希望価格の高い仲介業者のほうが、査定価格が高くなりました**。

+αのレッスン　この実験のルーレットには10か65しか出ないような細工があったため、被験者を2つのグループに分けることができました。

● アンカリングの例

アンカリング＝事前の情報をもとにして予想してしまうこと。

① ルーレットを回して、出た目を確認
② 国連に加盟している国のうち、アフリカの国の割合を回答

↓

①で10が出たグループの回答	①で65が出たグループの回答
25%	**45%**

❶ 不動産業者に売り手の希望価格を含んだ物件情報を提示
❷ 物件を直接見学するなどして査定
正しい査定価格は$74,900

↓

売り手の希望価格が低い（$65,900）グループ	売り手の希望価格が高い（$83,900）グループ
$67,811	**$75,190**

プロが査定する場合でも、希望価格は高くしておいたほうがいいかも

Northcraft, G. B., & Neale, M. A. (1987).

+αのレッスン 関係性のない数字であっても、関係性のある数字とほぼ同じアンカリング効果があるといわれています。

BEHAVIORAL FINANCE

人間の心の癖が株価の動きを左右する

高値覚え、安値覚えは損のもと

投資の格言に、「**高値覚え、安値覚えは損のもと**」という言葉があります。**これは投資家が過去の高値と安値を投資判断の基準にしてしまう傾向（アンカリング効果）を表しています。**

「高値覚え」は過去の高値を意識するあまり、株価上昇を期待して株式をもち続けてしまう効果です。そして、高値を迎えることなく株価が下がり、損をしてしまう様子を表しています。「安値覚え」は反対に、過去の安値を意識することで、安値よりも高い値段で買うことを避けてしまう傾向を表しています。

キリのよい数が節目になる!?

過去の高値や安値以外にも、１００の倍数や50の倍数など、**キリのいい値段で注文を出してしまう傾向もあります。**これも投資家のヒューリスティックな行動です。そのため日中の取引データを眺めてみると、キリのいい値段が価格変動の節目になっていることがあります。

テクニカル分析のなかには、数学的に美しい比率をもとに心理的な節目を予想する「**フィボナッチ・リトレースメント**」という方法があります。これらも人間の行動に基づく簡便なナッジかもしれません。

数字の見た目に影響される

+αのレッスン **フィボナッチ・リトレースメント**：トレンドの起点と終点を結び、そのフィボナッチ比率を節目として価格の反転部分を読むテクニカル手法。

● 悪いアンカリングとよいアンカリング

■ 悪いアンカリング　高値覚え、安値覚えは損のもと

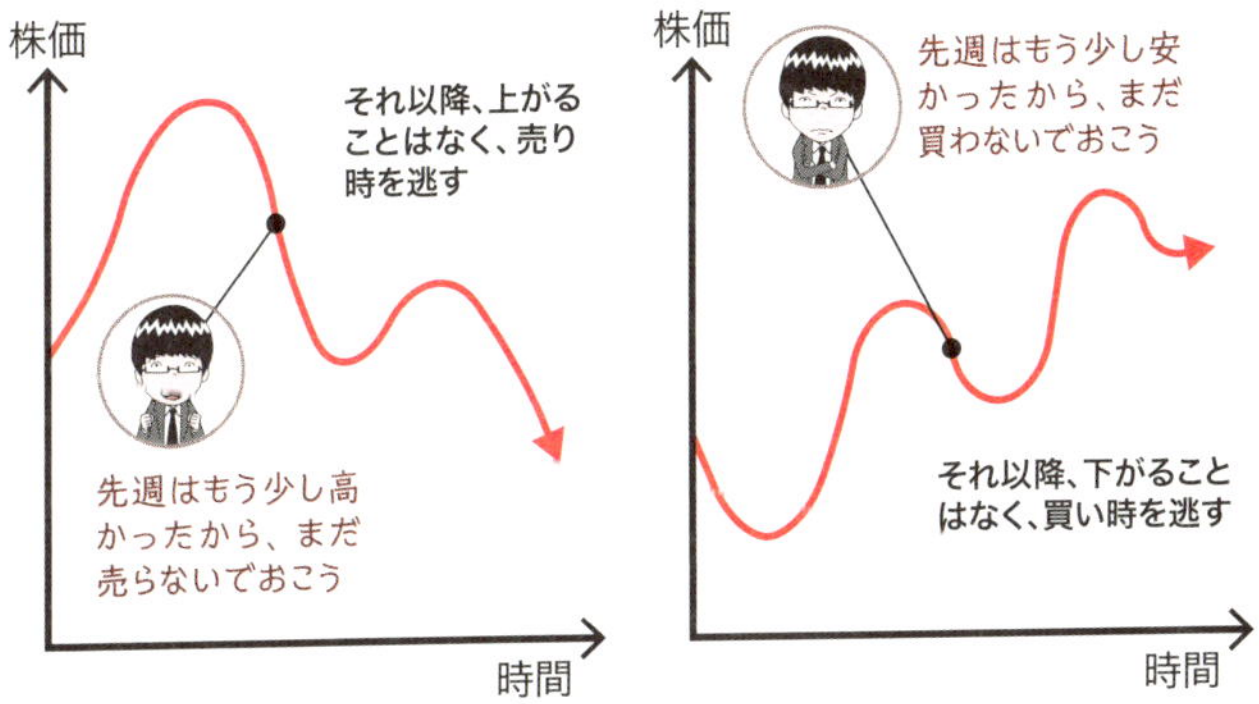

■ よいアンカリング!?　フィボナッチ・リトレースメント

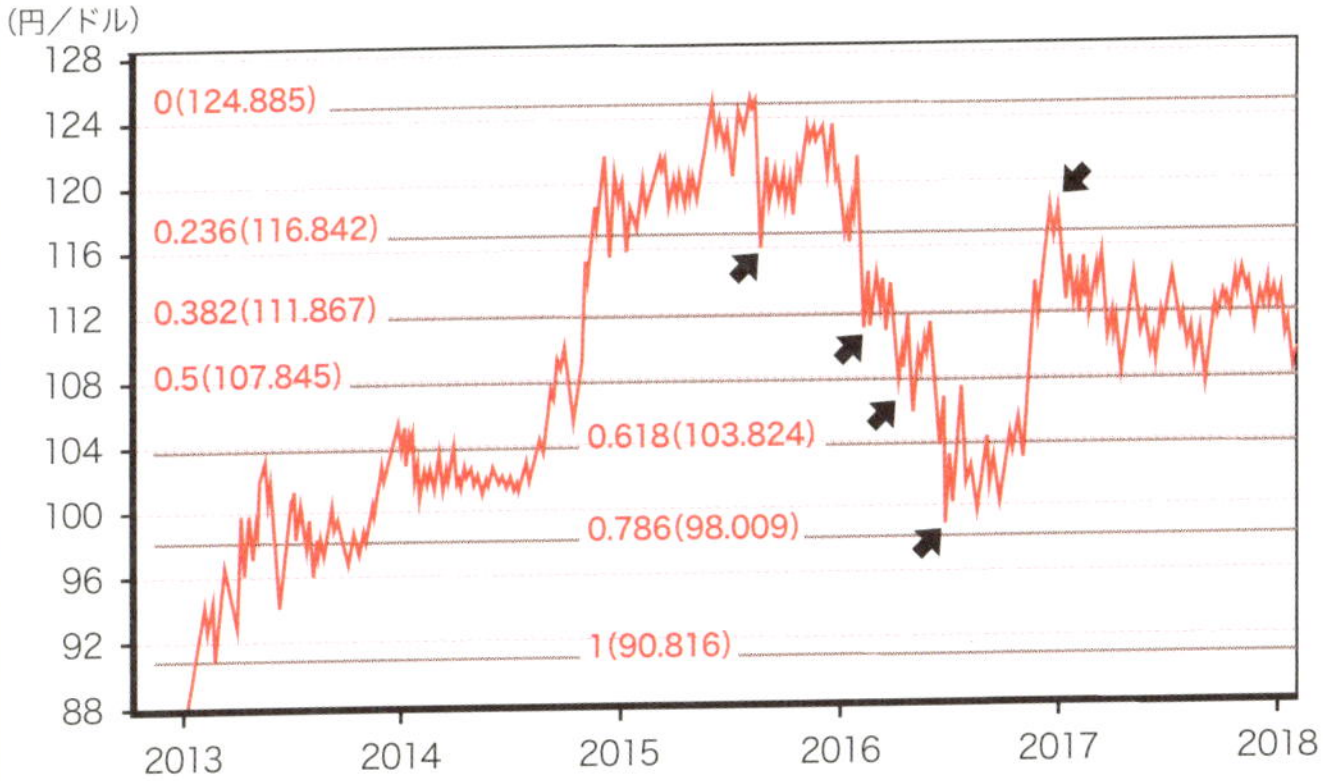

2013年2月頃から2015年8月までのトレンドをもとにした円ドル為替レートに対するフィボナッチ・リトレースメントの各水準。過去の相場をもとにした水平線だが、その後の相場の反発・反落点を当てているように見える。多くの投資家が使っている手法であるため、結果的に予想が的中している可能性もある。

+αのレッスン　**フィボナッチ比率**：主要なフィボナッチ比率は0%、23.6%、38.2%、61.8%、100%。自然界によく見られる黄金比1:1.618がもとになっています。

BEHAVIORAL FINANCE

「気質効果」を克服し損切りする勇気を！

プロでももっている気質効果

投資家がもつ行動バイアスの1つに、含み損のある株式を売却できない（損切りできない）「気《き》質《しつ》効《こう》果《か》」があります。多くの研究によって、機関投資家やディーラーのような投資の専門家であっても、多かれ少なかれ、気質効果があることがわかっています。

実際、どれぐらいの含み損で売却していれば合理的なのかという基準はありません。**含み益のある株式はすぐに売却するのに、含み損のある株式はなかなか売却できない場合に気質効果があると判断します。**

損切りしても資産価値は同じ

研究者たちはこのような利得局面と損失局面での行動の違い（行動バイアス）に関心を寄せ、原因の解明に取り組んでいます。ちなみに、**損切りをしたとしても、資産価値は変わりません。資産を現金でもつか、株式でもつかの違いだけ**です。また、効率的市場仮説に基づけば、損切り後にほかの株式を購入しても、値上がる確率は同じです。そのため、従来の経済学で損切りを推奨することは困難でした。それでも、損切りしたほうがいい行動経済学的な理由はこの章の後半（Ｐ１９６）で紹介します。

損失を早めに切り捨てる

+αのレッスン

含み益・含み損：購入した株式の価格が上昇（下落）し、売却すれば発生することが見込まれる利益（損失）のことを含み益（損）といいます。

● 損切りしたときの資産価格

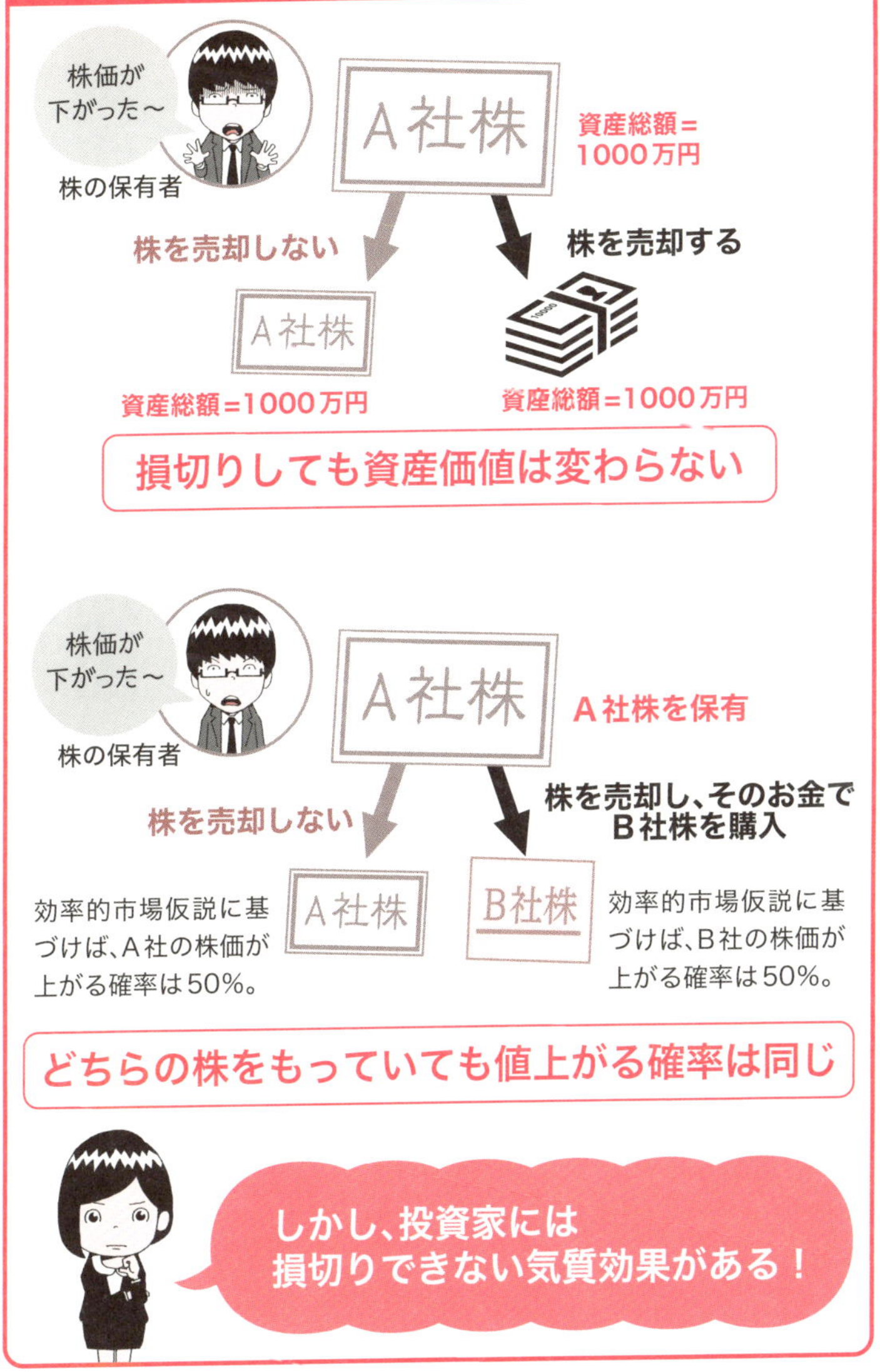
株価が下がった～
株の保有者
A社株
資産総額＝1000万円
株を売却しない
株を売却する
A社株
資産総額＝1000万円
資産総額＝1000万円
損切りしても資産価値は変わらない
株価が下がった～
株の保有者
A社株
A社株を保有
株を売却しない
株を売却し、そのお金でB社株を購入
効率的市場仮説に基づけば、A社の株価が上がる確率は50%。
A社株
B社株
効率的市場仮説に基づけば、B社の株価が上がる確率は50%。
どちらの株をもっていても値上がる確率は同じ
しかし、投資家には損切りできない気質効果がある！

+αのレッスン **利食い・損切り**：利食いは購入した株式で含み益のある株式を売却すること、損切りは含み損のある株式を売却することです。

BEHAVIORAL FINANCE

プロスペクト理論で見る損切りできない理由

含み損があればより賭けに出る

なぜ、損切りできない傾向（気質効果）があるのでしょうか？ これにはいくつかの要因が考えられます。ここでは**プロスペクト理論**（第2章）を使って説明してみましょう。

プロスペクト理論は、不確実性に対する行動理論の1つで、**利得局面では危険回避的に行動し、損失局面では危険愛好的に行動するという特徴が見られます**。これにより、利得局面では株式を保有し続けるギャンブルを避け、損失局面では損失を取り戻そうと、一か八かに賭ける行動が現れるのです。

売却は危険回避行動

含み益（損）のある株式の売却は利益（損失）の確定を意味します。そのため、「売却するかどうか」の意思決定は、**「価値が不確実に変動する株式をそのままもち続けるのか、価値の変わらない確実な現金にするのか」**の選択になります。

プロスペクト理論に基づけば、利得局面では不確実性を避けて現金化し、損失局面では不確実性を求めて現金化を避ける行動が説明できます。あなたが損切りできない理由はプロスペクト理論で説明できるかもしれません。

利益だけは早めに確定したい

+αのレッスン

塩漬け：含み損のある株式を売却せずに、保有し続ける行為。放置することでおいしくなることを期待しているのかもしれません。

● 気質効果とプロスペクト理論

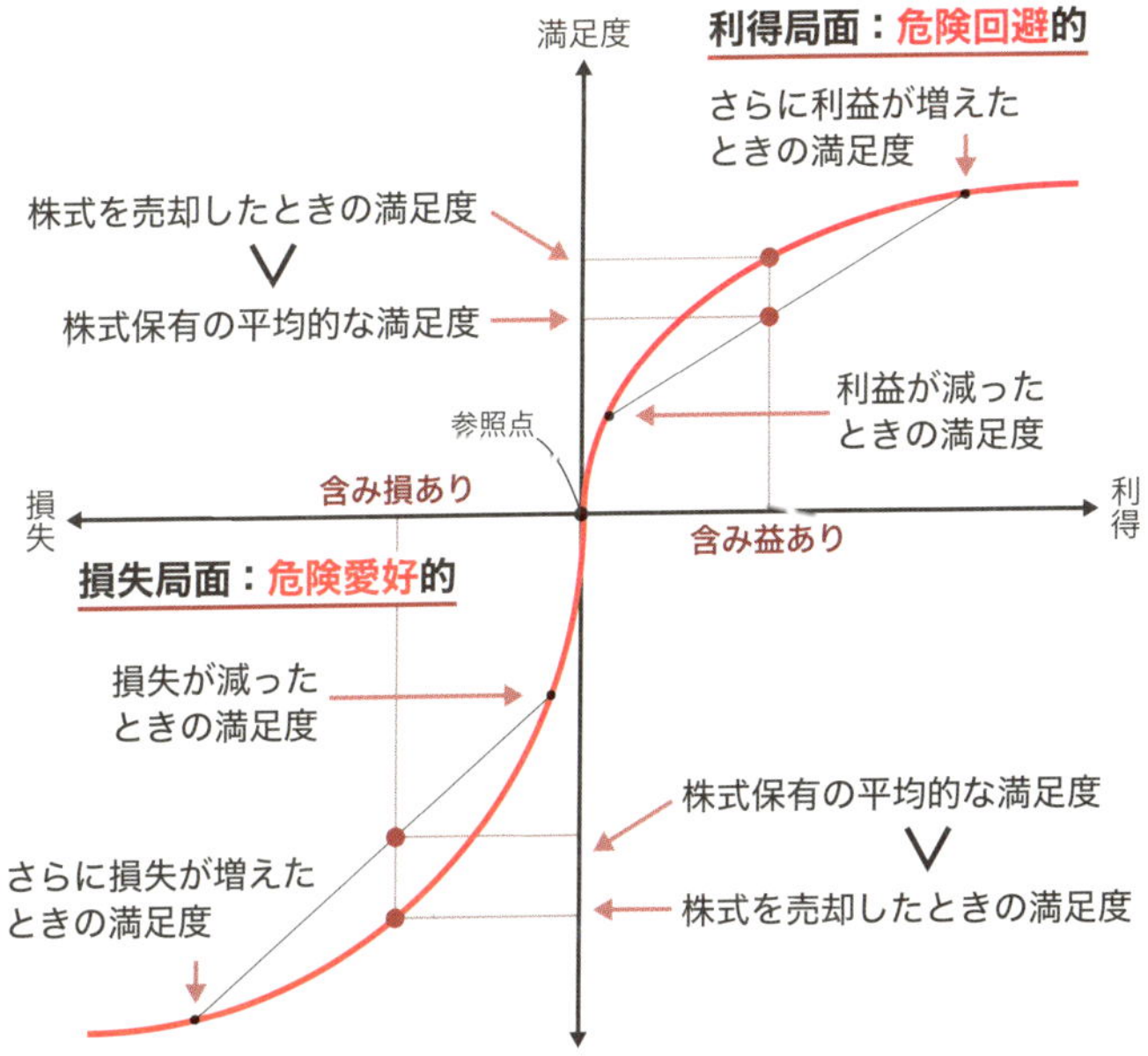

売却=利益or損失の確定：損失局面では確定を避ける
➡「損切りできない」

利得局面では株式を売却して利益を確定する価値のほうが株式を継続保有する価値よりも高い。逆に、損失局面では株式を継続保有する価値のほうが株式を売却して損失を確定する価値よりも高い。

⇩

人間は利益の確定は早いが、損切りは遅い。

+αのレッスン
難平《なんぴん》：購入した株式が値下がり、含み損のある状態で買い増す行為。価格回復時には早めに損失を取り戻せますが、下落すれば損失がさらに膨らみます。

BEHAVIORAL FINANCE

投資で失敗する2つの要因

購入時の判断を後悔したくない

損切りできない傾向（気質効果）はプロスペクト理論だけではなく、**後悔回避**、**自信過剰**でも説明が可能です。

誰だって、もうけるために投資をしているはずです。したがって、**損失が出てしまったときでも、過去の投資判断を後悔したくないために、将来の好転を期待して損切りすることができません**。また、利益が出ていたとしましょう。過去の投資判断を正当化できるチャンスです。このチャンスをつかむため、投資家は早めに利益を確定しようとします。

男性のほうが損しやすい!?

自信過剰も気質効果の要因です。自信過剰な投資家は損失が出ていても、過去の判断ミスを認めることができず、損切りができません。

また、**自信過剰は収益にも影響を与えます**。自信過剰な投資家には頻繁に取り引きを行う傾向があり、取引費用が増すことで、収益が低い傾向にあります。

投資家は自信過剰な生き物です。**男女で比較すれば、男性のほうが自信過剰**です。とくに、独身男性は取引回数が多く、収益が低いこともわかっています。

私の判断は正しい！がヤバイ

＋αのレッスン **まだはもうなり、もうはまだなり**：まだ上がると思うときはもう天井だったり、もう底だと思うときはまだ下がり続けたりする様子を表した相場格言の１つ。

●自信過剰も自信過少もほどほどに

+αのレッスン **売るべし、買うべし、休むべし**：相場格言の１つ。株式投資において、買ったり売ったりするだけでなく、休むことも大事な戦略であるという教え。

損切りできない気質効果で市場はゆっくり変化する

気質効果が株価の急変動を緩和

損切りできない傾向（気質効果）があると、株式市場ではどんなことが起こるでしょうか？　ある企業によいニュースがあったとき、もちろん、株価は上昇しますが、値上がりとともに、気質効果をもった投資家が売却しようとします。その**売り圧力のために、株価の上昇は抑制されて、ゆっくりと上昇していきます**。

次に、悪いニュースがあったとします。株価は下落していきますが、気質効果をもった投資家が売却を避けます。そのため、**株価の下落が抑制されて、ゆっくりと下落していきます**。

過小反応のその後に……

多くの投資家に気質効果があれば、ニュースに対する株価の過小反応が想定できます。これは、株価が上昇（下落）した後、上昇（下落）しやすい**モメンタム**を発生させる要因になります。そして、株価が上昇（下落）したときには株式を売却しない（した）ほうがお得ということになります。

効率的市場仮説に基づけば、損切りしても損得は同じでした（P190）。しかし、**気質効果のある投資家を想定すると、損切りしたほうが損失を抑制できると考えられます。**

+αのレッスン

モメンタム：上昇や下落が継続すること、またはその勢い。上昇傾向の相場を強気相場、下落傾向の相場を弱気相場といいます。

● 気質効果の株価への影響

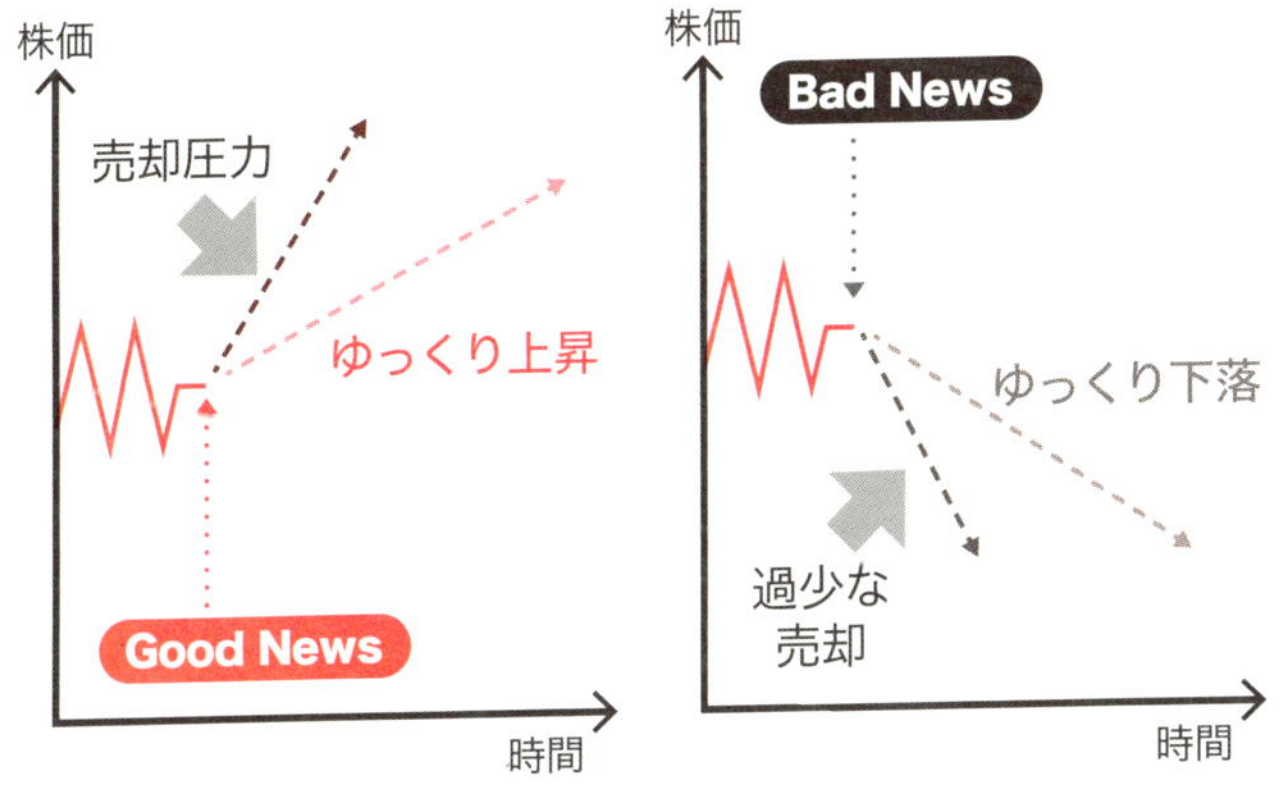
株価
売却圧力
ゆっくり上昇
Good News
時間
株価
Bad News
ゆっくり下落
過少な
売却
時間

市場が効率的であれば、ニュースは瞬時に株価に反映されるはず。しかし、気質効果があると、株価はゆっくり変化する＝**過小反応**

しばらくすると……

モメンタムの発生

損切りしたほうがいい！

まさに相場格言の
「損は切って、利は伸ばせ」どおりだ

+αのレッスン　**リターン・リバーサル効果**：去年値上がった銘柄が今年値下がったり、去年値下がった銘柄が今年値上がったりする、長期的な株価逆転現象のアノマリー。

BEHAVIORAL FINANCE

1月、上半期は上昇し、月曜日は下落する「暦効果」

普及すると消えゆく暦効果

株式市場の有名なアノマリーの1つに**カレンダー効果**というものがあります。月曜日に株価が下落しやすいという「**月曜効果**」、1月に株価が上昇しやすいという「**1月効果**」、上半期が下半期よりも上昇しやすいという「**上半期効果**」など、株価の変動に暦が関係しているというアノマリーです。「暦効果」とも言います。

これらは長期間のデータをもとに検証されてきましたが、**アノマリーは投資家が取引戦略に利用すると消えてゆく運命にあります**。そのため、近年では当てはまりにくいものもあります。

自分で確かめてから利用しよう

1980年から2017年までの日経平均株価をもとに各効果を検証してみました。すると、2010年代にはいずれの効果も疑わしい結果になりました。

カレンダー効果は長期間の平均的な傾向であるため、10年間のデータから反証を示せるわけではありません。しかし、**毎年のように成功する戦略でないのは確かでしょう**。また、期間によって収益率が大きく異なります。安易に信じることなく、自らデータを確かめ、リスクを認識しておく必要があるでしょう。

根拠はなくても実際起こる

+αのレッスン **ブラックマンデー**：1987年10月19日（月曜日）にN.Y市場から発生した世界的な株価暴落。NYダウ平均は22.6％、翌日の日経平均株価は14.9％下落した。

● 株価のアノマリーを検証

月のアノマリー

1月 / 2月 / 3月 / 4月 / 5月 / 6月 / 7月 / 8月 / 9月 / 10月 / 11月 / 12月

- 1月の株価は高い
- 8・9月は夏枯れで下がる
- 暴落は10月に起こる
- 12月の株価は安い

曜日のアノマリー

月曜日 / 火曜日 / 水曜日 / 木曜日 / 金曜日

- 月曜日に下落しやすい
- 火曜日は低い
- 水曜日は高い

筒井義郎・山根承子（2012）

■ 実際に検証！

	月曜	1月	上半期	下半期
1980年代	-0.01%	3.58%	11.21%	4.92%
1990年代	-0.17%	2.24%	3.98%	-1.44%
2000年代	-0.03%	-2.40%	0.06%	-8.84%
2010年代	0.02%	-0.92%	0.02%	7.36%

利用データベース：NEEDS-FinancialQUEST から取得

+αのレッスン

1989年12月29日：日経平均株価の最高値3万8957.44円（終値は3万8915.87円）を記録した日。翌年からバブル経済が崩壊したといわれている。

BEHAVIORAL FINANCE

株価と天気の不思議な関係

投資の前に
天気予報を
チェック

株は晴れた日に買おう

1961年から2000年までの40年間の天気と日本の株価を調べると、**晴れた日の株価は上昇しやすい傾向があるそうです**。東京の雲の量が50%未満の日と60%以上の日で比べた場合、前者の日次収益率は0・087%、後者がマイナス0・018%でした。

次に、日本の大都市の天気と株価の関係を比較すると、東京が最も関係性が強く、次いで大阪、名古屋の順であることがわかりました。人口の多い都市ほど、投資家も多いため、このような結果になっているのかもしれません。

天気予報は株価予想に使える!?

かつて大阪証券取引所が発表していた株価指数の場合、東京よりも大阪の天気と強い関係がありました。また、**世界26カ国を調べた研究でも雲の量と株価に負の関係が見つかっています**。これらの結果を信じれば、天気予報は明日の株価予想に使えるのかもしれません。

「天気がいいと気分のいい投資家も多いから、株価に影響を与えるのは当たり前だ」と思われるかもしれません。しかし、株価は本来、将来の企業業績のみが影響を与えるべきであり、投資家の気分は業績と無関係のはずです。

+αのレッスン **気温の効果**：同様の研究において、平均気温からの乖離が大きいほど、株式収益率が大きい傾向がわかっています。

● 雲の量と株式日次収益率の関係

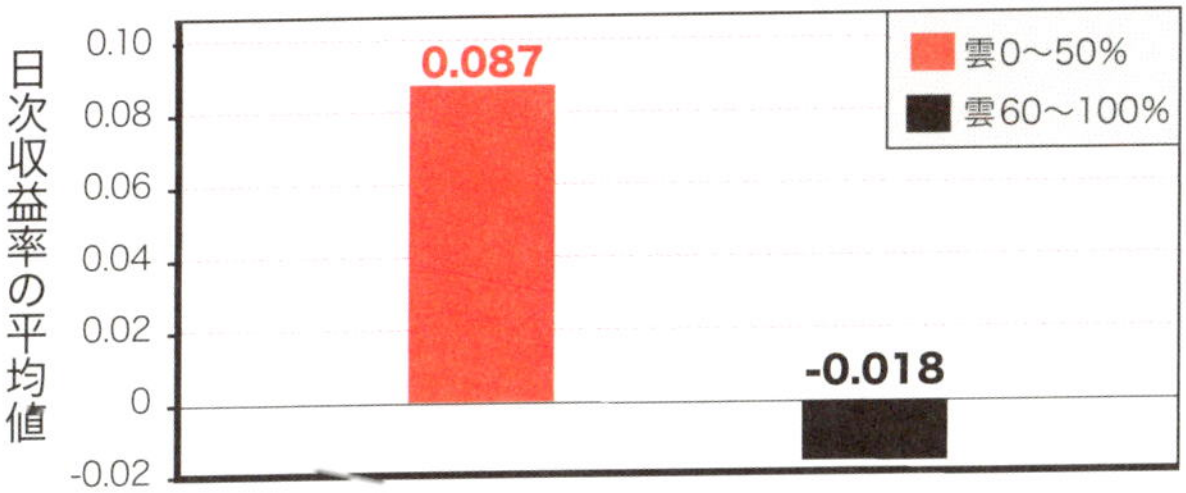
日次収益率の平均値
0.10
0.08
0.06
0.04
0.02
0
-0.02
0.087
-0.018
雲0〜50%
雲60〜100%

上のグラフから雲の多い日の収益率の低さがわかる。ただし、10年ごとの推移を見てみると……

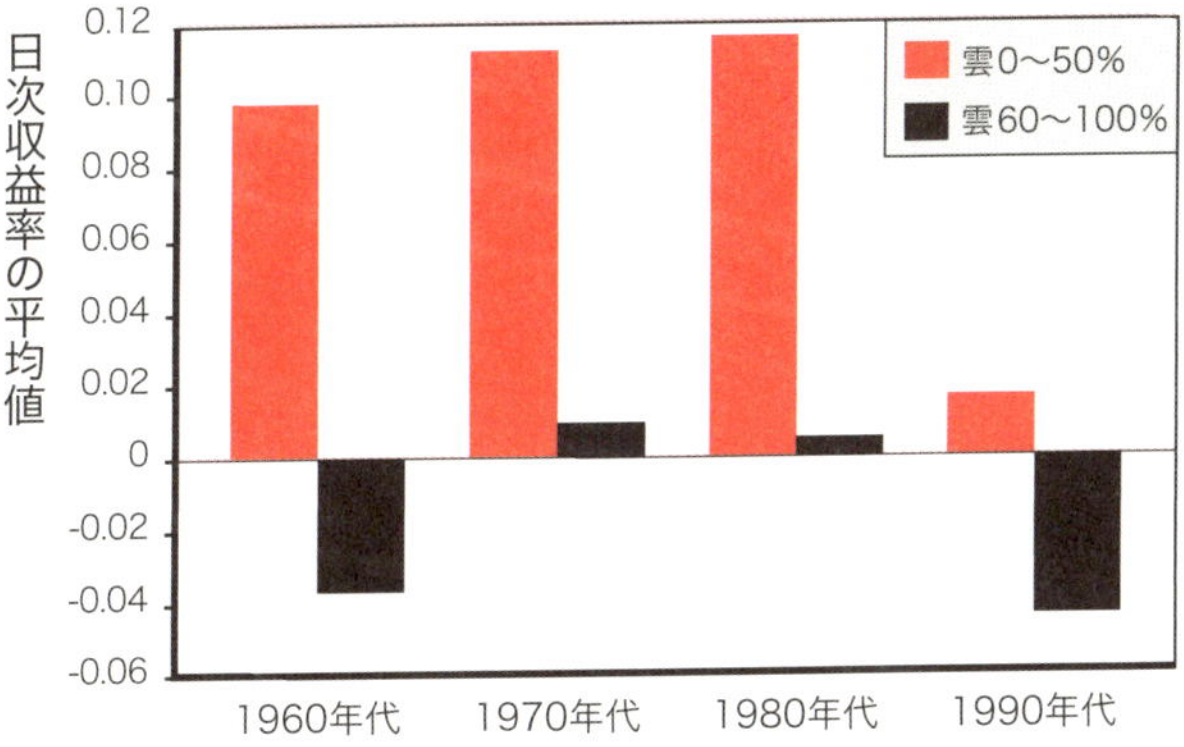
日次収益率の平均値
0.12
0.10
0.08
0.06
0.04
0.02
0
-0.02
-0.04
-0.06
1960年代
1970年代
1980年代
1990年代
雲0〜50%
雲60〜100%

上のグラフからは近年ほど関係性が弱まっていることがわかる。

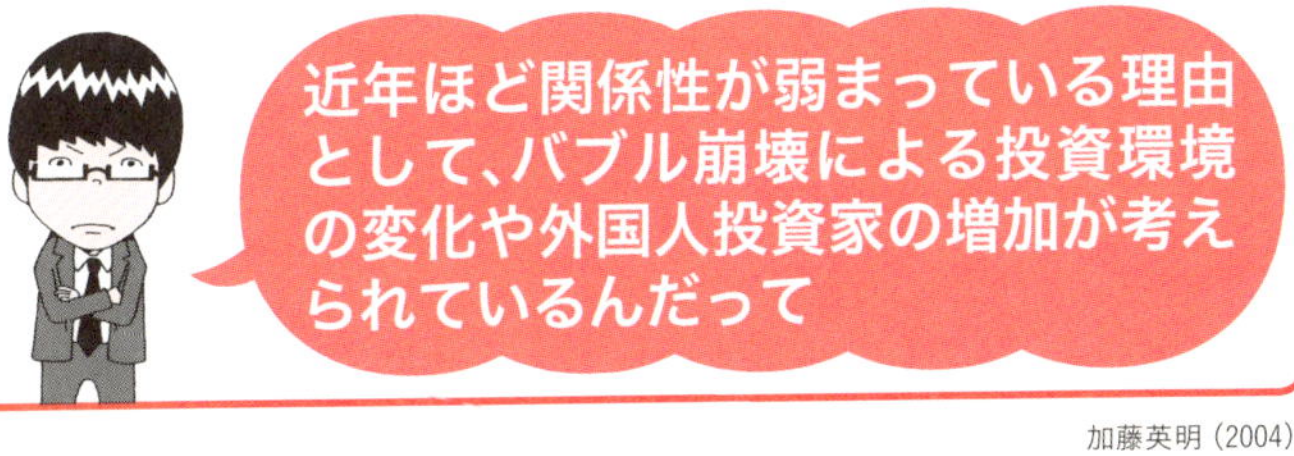
近年ほど関係性が弱まっている理由として、バブル崩壊による投資環境の変化や外国人投資家の増加が考えられているんだって

加藤英明（2004）

+αのレッスン **湿度（不快指数）の効果**：さらに、同様の研究において、不快指数が高いほど、株式収益率が低い傾向がわかっています。

リスク分散のために複数の業種に投資しよう

銘柄間の相関関係に注目

ふつうの投資家は購入予定の株式を1社ずつ吟味します。人間には**使い道や出どころの異なるお金をカテゴリ化するメンタルアカウンティング（Ｐ１０４）があるため、購入後は１社ずつの株価に一喜一憂してしまいます**。

経済学の合理的な投資家はリスク分散のために複数の株式を保有し、各銘柄の株価の上げ下げではなく、全体の収益の最大化を目指します。

ここで、**リスク分散の鍵を握るのが銘柄間の株価の相関関係**です。相関関係に注目すればリスクを減らしながら、利益を増やせます。

業種も分散して投資する

しかし、人間には**メンタルアカウンティングがあるため、銘柄間の株価の相関が無視され、リスクの分散が不完全である傾向があります**。

たとえば、いつの時代も新技術関連の銘柄は人気があります。人工知能、ブロックチェーン、FinTechなど、好きな技術の関連銘柄に投資するのも楽しいですが、その技術開発が失敗すると全銘柄で損することになります。リスク分散を考慮する場合には、好きな企業が成長しなかった場合に成長する企業にも目を向けて投資するようにしましょう。

一業種内の分散では不十分

+αのレッスン
FinTech：金融（Finance）と技術（Technology）を組み合わせた造語。資産管理アプリやＱＲコードを使った決済サービスなどが一例。

● 銘柄間の相関関係のイメージ

たとえば、期待収益率が同じA社株とB社株があるとする。市場全体は上昇トレンドにある。

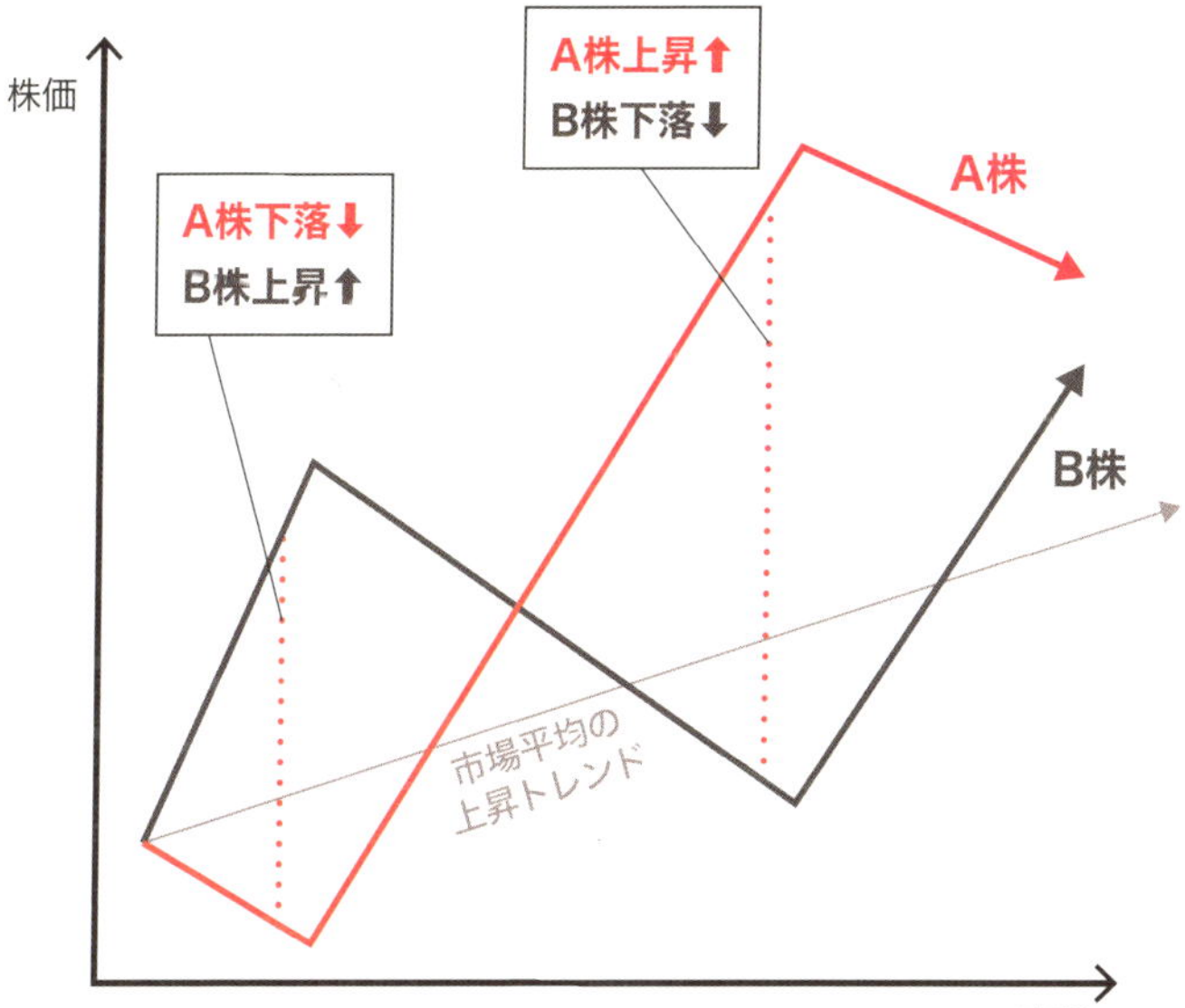
株価
A株上昇⬆
B株下落⬇
A株
A株下落⬇
B株上昇⬆
B株
市場平均の
上昇トレンド
時間

＊平均的な収益率は市場平均より高い。
＊株価の相関性は真逆。

A株、B株を両方もてば、リスクを抑えながらも、平均市場よりも高い収益率が期待できる。

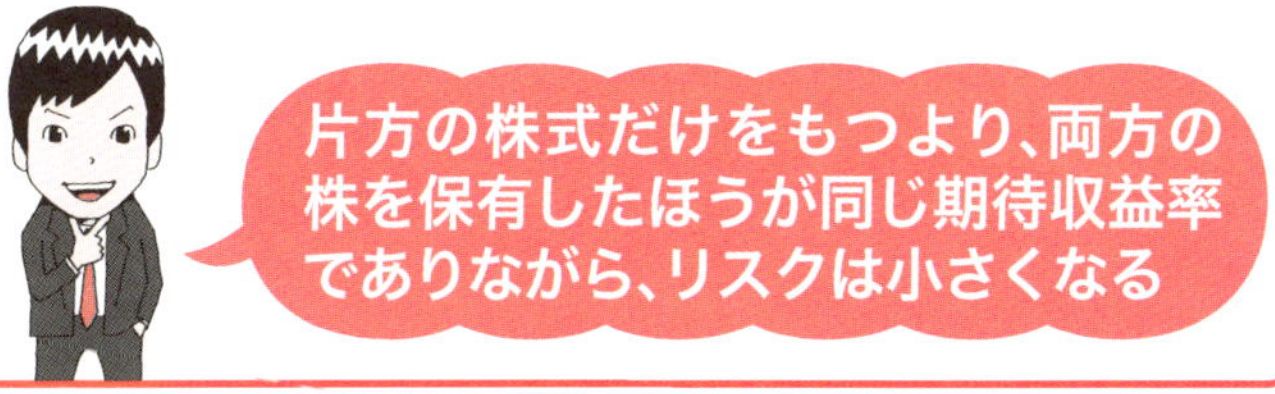
片方の株式だけをもつより、両方の株を保有したほうが同じ期待収益率でありながら、リスクは小さくなる

+αのレッスン **ブロックチェーン**：ビットコインを支える技術として考案された分散型台帳技術。見ず知らずの相手でも信頼できる取り引き（記録）を残せるのが特徴。

貯蓄制度への自動加入で老後資金を獲得

誰もが不安だが目をそらす

退職後の生活費に誰もが不安を抱いていても、計画的に貯蓄できる人間はなかなかいません。人間は目先の誘惑に負けて浪費する**双曲割引**、収入の減少を嫌う**損失回避性**をもっています。また、積立制度の加入手続きを面倒に思ったり、老後のことを考えることから逃げてしまったりする**現状維持バイアス**ももっています。

これらの困難に打ち勝つには相当の意志が必要です。そこで、米国では自動加入と「明日はもっと貯蓄しよう（Save More Tomorrow）」プログラムによる貯蓄支援が始まりました。

昇給で拠出割合と積立額が増加

この制度では、**労働者は退職貯蓄制度に自動的に加入します**。加入したくない場合には手続きが必要です。そのため、面倒なことを後回しにする労働者ほど加入することになりました。

また、**将来の昇給とともに手取り収入が減らない程度に拠出割合が増加するシステム**（オプト・アウト）になっています。これにより、損失回避による拠出の心理的な負担を軽減しつつ、拠出割合と積立額を増やすことに成功しました。これらのスマートなナッジによって、米国民の老後を救う制度になっています。

大切だけど
今すぐは
考えない

+αのレッスン **確定拠出年金**：現役時代に掛け金を拠出し、その資産の運用成果に応じて年金を受け取る制度。昔は年金額が確定された「確定給付年金」が主流でした。

● 老後のお金は計画的に

■ オプト・インの積立プラン

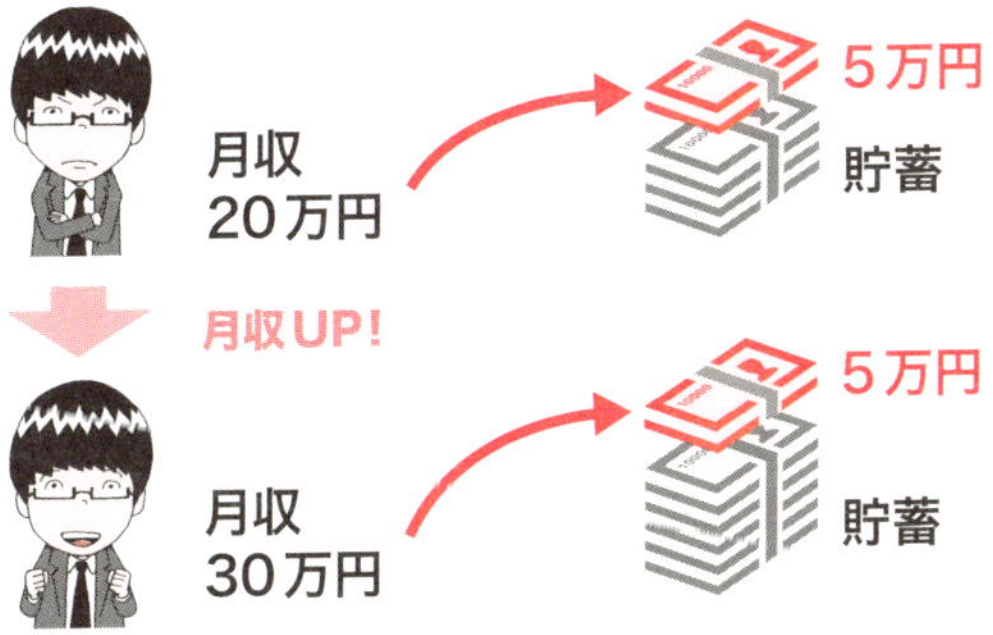

自分で変えない限り、最初の積立額のまま。

■ オプト・アウトの積立プラン

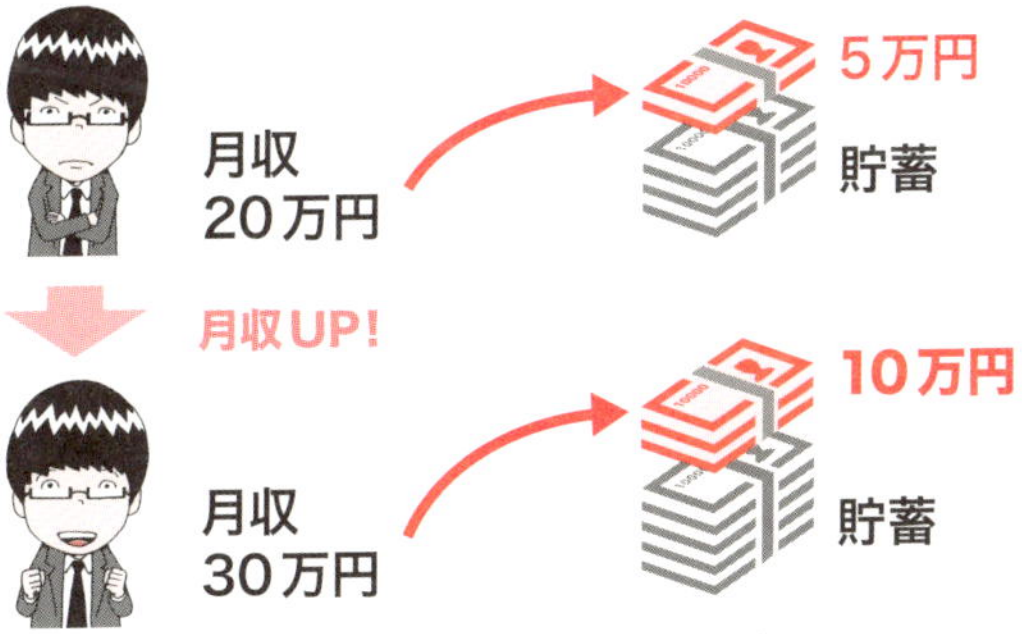

収入に合わせて自動的に積立額がUP ！

「SMarT Program＋自動加入」のナッジである部分

- 目先の誘惑に負けて浪費する双曲割引 → 事前に将来の拠出率の増加を約束しておく
- 収入の減少を嫌う損失回避性 → 手取りの収入が減らないような拠出額の増加にしておく
- 面倒な手続きや考えごとを回避する現状維持バイアス → 自動加入にしておく

＋αのレッスン　**SMarT Program**：「Save More Tomorrow」プログラムの略。最初の導入例は1998年。自動加入を伴った導入例は2003年です。

BEHAVIORAL FINANCE

確定拠出年金はもっと株式で運用しよう

どうせならうまく運用したい

選択肢に対し均等を好む個人

積立制度への自動加入や拠出額の増額だけでは、老後の不安を解消するには不十分。積立金をもっと効率的に運用する必要があります。

多くの人は積立金のうち株式への投資割合が少ないといわれています。これは**危険回避性**だけでなく、**選択肢に対して均等に割り当てる傾向がある**ためだといわれています。現代ポートフォリオ理論でノーベル経済学賞を受賞したマーコウィッツでも、債券と株式を50対50に振り分けており、もっと株式で運用すべきだったと自戒しています。

長期的な運用では株式が有利

株式市場には**エクイティプレミアムパズル**というものがあります。これは、理論では説明できないくらい、**債券よりも株式での運用のほうが圧倒的に高利回り**であるというものです。

過去60年間の株式の運用利回りは年利12%、債券の運用利回りは年利5%です。つまり、**年金資産のような長期的な運用には、株式による運用が有利だった**ということです。

もちろん、この歴史が続く保証はありません。それでもこの機会に、確定拠出年金加入者のみなさんには投資割合の見直しをお勧めします。

+αのレッスン

日本版401(k)：2001年から施行された法律に基づく確定拠出年金のこと。米国での根拠法の条項名に由来。通常の積立貯蓄と違った税制優遇があります。

● 米国170社の退職貯蓄プランにおける行動を検証

大学職員に対する「ファンドの選択肢が2つしかない場合、退職貯蓄をどのように投資するか」のアンケート。

Aグループ

株式のみに投資するファンド & **債券**のみに投資するファンド

↓

ほとんどの被験者が半分ずつ投資することを選択。株式の資産配分割合は50%。

Bグループ

株式のみに投資するファンド & **株式と債券に半分ずつ**投資する「バランス型」ファンド

↓

多くの被験者がどちらのファンドにも半分ずつ投資。つまり、株式への投資割合75%。

Cグループ

株式と債券に半分ずつ投資する「バランス型」ファンド & **債券**のみに投資するファンド

↓

多くの被験者がどちらのファンドにも半分ずつ投資。つまり、株式への投資割合25%。

提供する株式ファンドの数が多ければ多いほど、加入者が株式に投資する割合が大きくなる傾向が示されている。

Benartzi and Thaler (2001)

+αのレッスン

iDeCo(イデコ):個人で掛け金を支払う個人型確定拠出年金のこと。2017年より、企業が掛け金を支払う企業型確定拠出年金加入者も併行加入可能。

BEHAVIORAL FINANCE

ギャンブル好きの目標は遊び続けることにするべき

危険な「ハウスマネー効果」

「ギャンブルで不幸になる」人は後を絶ちません。その原因は、ギャンブル自体が人間の行動を狂わせているからかもしれません。

ギャンブルでもうけた賞金は普段の仕事やバイトで稼いだお金とは違う印象をもちます。そして、賞金の一部（ときには全額）をもう一度賭けてもいいと思ってしまいます。

これは**ハウスマネー効果**と呼ばれ、人間の行動を危険愛好的にさせる危険性があります。ギャンブルでの成功体験もリスクテイクを増やす要因になるので、注意が必要です。

損失後、さらに負ける地獄

ギャンブルで負けたときのことを考えましょう。行動は2つに分かれます。

1つは、**損失を経験した後はさらなる損失を嫌い、次のギャンブルには参加しない**という行動です。これは**スネークバイト効果**と呼ばれ、人間を危険回避的な行動に変化させます。

もう1つが、**損失を経験した後、損失を取り戻すためにもう一度ギャンブルに挑戦してしまうブレークイーブン効果**です。ギャンブルが好きなら、賭け金を一定にするなど、長く遊び続けられる賭け方がお勧めです。

掛け金も
生活費も
同じお金

+αのレッスン

ハウスマネー効果：賞金を自分のお金とは信じられず、カジノホールのお金（ハウスマネー）と思って危険愛好的に使う、メンタルアカウンティングの1つ。

● 2段階ギャンブル実験

リチャード・セイラーとエリック・ジョンソンはコーネル大学の学生に、実際のお金を使って2段階ギャンブルの実験を実施した。

第1段階　くじで15ドル当選者、7.5ドル罰金者、金額未決定者のグループに分ける。

第2段階　学生はギャンブルに参加するかどうかを聞かれる。

実験開始

第1段階で15ドル当選した学生
第2段階：コイン投げ（表なら4.5ドルもらえ、裏なら4.5ドル支払う）をするかどうか
➡ 77%の学生がコイン投げに参加

第1段階で金額が決定しなかった学生
第2段階：確実に15ドルをもって帰るか、コイン投げをして表なら19.5ドル、裏なら10.5ドルをもち帰るかどうか
➡ 44%の学生がコイン投げに参加

利益を得た経験によってリスクをとるようになる
ハウスマネー効果

第1段階で罰金7.5ドルが発生した学生
第2段階：コイン投げ（表なら2.5ドルもらえ、裏なら2.25ドル支払う）をするかどうか
➡ 60%の学生がコイン投げを拒否

損を一度経験すると、必要以上に慎重になる
スネークバイト効果

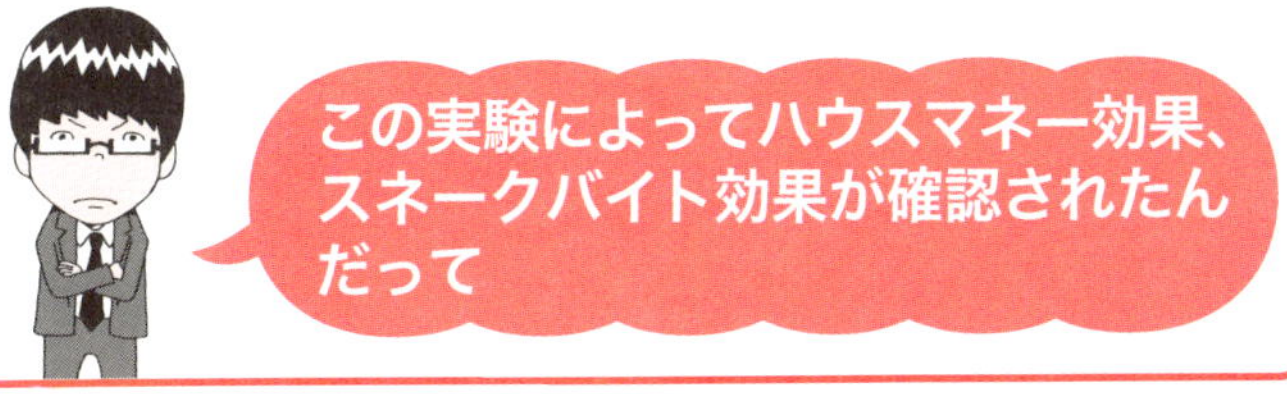
この実験によってハウスマネー効果、スネークバイト効果が確認されたんだって

Thaler and Johnson (1990)

+αのレッスン　**スネークバイト効果**：ふつうの蛇は人間を見かけたら、かまずに逃げます。しかし、誤って蛇を踏んだ後にかまれた経験があると、過剰に恐れてしまう行動。

BEHAVIORAL FINANCE

投資もギャンブル 理性的に行動しよう

怖いブレークイーブン効果

損を取り返そうとする**ブレークイーブン効果**は一見合理的だと思えるプロのトレーダーにも影響を与えています。コバルとシャムウェイは、1998年にシカゴ取引所のプロのトレーダーの取引行動を調べました。すると、午前中の取り引きで損失を出したトレーダーは、損失を取り戻すために、午後に一段とリスクのある取り引き（価格変化が大きい状況での取り引き）をしていることを発見しました。この結果は、**ブレークイーブン効果がいかに人間の本能的な行動であるかを教えてくれます。**

勝って兜の緒を締めよ

株式の信用取引やＦＸの証拠金取引では少ない元手で大きな利益を狙うことができます。ビギナーズラックで大きくもうけたとしましょう。すると、成功体験による自信と**ハウスマネー効果**によって、前回よりリスクのある投資をしたくなります。しかし、下手に投資額を増やしたり、レバレッジを高めたりすれば、損失時に前回の利益を失ってしまいます。こんな取り引きを繰り返せば、破産というゴールがどんどん近づいてきます。**勝っても負けても危険愛好的にさせる心理に注意しましょう。**

自信過剰がリスクを増大させる

+αのレッスン

FX：証拠金を預け、差金決済で通貨を売買する外国為替証拠金取引のこと。外国為替（Foreign eXchange）に由来しています。

●ギャンブルで勝っても負けても地獄に向かう

勝った人

↓

成功体験による自信＆ハウスマネー効果

↓ 調子に乗って……

負けた人

↓

ブレークイーブン効果

↓ 損を取り戻そうと……

投資額を増やしたり、レバレッジを高めたりしてしまう

（勝った人）

↓

負けても、当初の元手より多い限り、成功体験とハウスマネー効果が邪魔して、またギャンブルをしてしまう。

↓

いずれは元手を減らして、ブレークイーブン効果が発生

（負けた人）

↓

負ければ、いっそう損が膨らむ。勝って損を取り戻せても、損を取り戻せた経験からギャンブルを継続する。

↓

ギャンブル地獄

地獄を避けるためには、ギャンブラーの行動バイアスを理解しておくか、勝ち続けるしかない……

+αのレッスン　**レバレッジ**：証拠金を担保に、その数倍の資産の売買を行うことができます。レバレッジはその倍率のこと。

BEHAVIORAL FINANCE

大穴バイアスを使ってギャンブルでもうけよう

人間は大穴にひかれる

人間は小さな確率ほど、心のなかでそれ以上の確率だと思ってしまう傾向があります（第2章）。そのため、勝つ確率が低く、当たったときの払戻金が多い大穴馬券に対して、「意外に当たるんじゃないか？」「しかもお金がこんなに戻ってくるならおトクだ！」と思って、買ってしまう傾向があります。

反対に、本命馬券は実力の高さに比べて、「思ったほど当たらないんじゃないか？」「そのわりには少ししかお金がもらえないなぁ」と感じてしまい、買わない傾向にあります。

本命を買うのが一番おトク！

大穴馬券にひかれる傾向（**大穴バイアス**）があると、大穴馬券は実力以上に買われます。すると、払戻金は勝つ確率に比べて少なくなります。そのため、大穴馬券は実力に対してオッズの低い、コスパの悪い馬券になってしまいます。

本命馬券はどうでしょうか？　実力があり勝つ確率は高いのに、実力ほどの購入がなく、オッズの高いコスパのよい馬券になります。**人間には本命馬券を避け、大穴馬券を買ってしまう大穴バイアスがあるため、本命馬券を買ったほうがおトクな投資といえるでしょう。**

一発大逆転の思考が一番危険

+αのレッスン　**払戻率**：ギャンブル参加者のすべての賭け金から当選者に支払われる金額の割合。競馬は70～80％、宝くじは約45％。

● 大穴馬券が実力に比べて買われる仕組み

本命馬

実力的には勝率80％

大穴馬

実力的には勝率1％

本命馬		大穴馬
1.25倍	妥当なオッズ	100倍
2倍	実力とは無関係の大穴人気によって	50倍

実力に比べて、本命馬は人気がなく、大穴馬は人気がある。このとき、本命馬券を買ったほうがおトク

＋αのレッスン

払戻金：JRAの単勝の場合、（勝馬に投票された金額＋負馬に投票された金額／勝馬数）×払戻率（0.8）で決定。

BEHAVIORAL FINANCE

終盤のレースほど本命を狙おう

ヒトは損を取り戻そうする

競馬・競艇などのギャンブルは1日に何レースも行われます。**もしもあなたが朝から負け越していたら、損を取り戻そうとしてしまいませんか？** これは損失時に危険愛好的な行動になる**プロスペクト理論**が当てはまる状況です。

反対に、勝ち続けていたらどうでしょうか？ 朝よりも増えたお財布から、手堅い本命馬券だけでなく、弱そうだけど当たればうれしい大穴馬券に賭けようと思いませんか？ この行動はお金の稼ぎ方で使い方が異なる**メンタルアカウンティング**が当てはまります。

最終レースが最もおトク

「損を取り戻したい！」「あぶく銭で運を試したい！」。そんな終盤のレースほど、大穴馬券の人気が増えるといわれています。反対に、終盤のレースほど本命馬は実力のわりに買われていないことになります。このため、**最終レースほど本命馬券はおトクな馬券**といえます。

また、小幡・太宰の研究では、大穴馬券が当選した次のレースで、大穴人気が弱まることを見つけています。そのため、**大穴馬券が当選した次のレースでは、本命馬券のおトクさも弱まっている**ということになります。

大穴馬券を狙うのはいつ？

+αのレッスン **JRAの最高払戻金額**：3連単の場合、2983万2950円（2012年8月4日）、WIN5の場合、4億2012万7890円（2016年8月21日）。

● 行動バイアスから見た終盤のレース

■ ある日の競馬場

もうけたお金でパァーと大穴馬券を購入

↓

損を取り戻そうと大穴を購入

↓

終盤のレースでは本命─大穴バイアスが強まる

■ 大穴馬券の勝敗に注目

前のレースで大穴馬が勝利！

↓

連続して大穴が来ることはないと思って、
本命─大穴バイアスは弱まる

そうか。これらのバイアスと逆の選択をするのが、賢いわけだ

+αのレッスン　万馬券が出た後に万馬券は当たりにくいと考えてしまうのは、P178のギャンブラーの誤謬と同じです。

「損は切って、利は伸ばせ」は不変の真理？

▶成功した投資家リカードが提唱

デヴィッド・リカード（1772～1823）は投資の黄金ルールの１つとして「損は切って、利は伸ばせ」と記しています。彼は著名な経済学者ですが、学者活動を始めるまでは証券取引で大成功を収めた投資家でした。

現在も多くの投資指南書で損切りが推奨されていますが、資産価値に対するメリットは不確かです（P190）。もしも長期的な資産形成のために株価指数連動型投資信託（日経平均株価やTOPIXに連動する投資信託）を購入しているなら、短期的な相場を意識した損切りは不要でしょう。

▶損切りできない性質を踏まえて戦略を

本章で紹介した損切りの推奨理由は、「損切りできない行動がモメンタムを発生させるため」でした。これは投資行動と価格形成をもとにした論理的な予想ですが、現実市場での有効性の確認は不十分です。

しかし、リカードを信じれば、「損は切って、利は伸ばせ」は200年前から有効な取引戦略です。損切りできない人間の不変の性質を活《い》かした戦略だからこそ、今も有効な戦略のように思えるのは私だけでしょうか？

平均値……39、82、201
ベイズの定理……94
(ダニエル・)ベルヌーイ……79、83、85、88
保育園のお迎え……55
放任主義……20、21
ボーナス……30〜32、59
ホームバイアス……181
保険……90、96
ホモ・エコノミカス……22
保有効果……112、113、115〜117
ボランティア……23、152、153

■ ま行

マーコウィッツ……206
マグカップ……112〜115
マッチング寄付……142、143
マネジメント……29
満足度……32、33、62〜64、67、193
三菱電機SOCIO-ROOTS基金……143
(キャサリン・)ミルクマン……34
無限大……84、85
無償の奉仕……153
銘柄間の相関関係……202、203
目のイラスト……136、137
メンタルアカウンティング……104、105、202、208、214
目標意図……34
目標水準仮説……68、69
モチベーション……52、53
モメンタム……196、197、216

■ や・ら・わ行

豊かさ……66〜68、70
リーマンショック……173
(デヴィッド・)リカード……216
利食い……191
利己的……24、129、134、135、138、144、157
離婚……68、69
リスク……78、98、102、118、122、160、162、164、165、172、173、176、177、198、202、203、209、210
リスク分散……202
(ジョン・)リスト……114、115
リターン・リバーサル効果……197
利他性……140、144、150、154、166、167
利他的……128、134、136〜138、154、155、164、166、167
利他的な効用……150
利得……30、31、104、105、107、120
利得局面……102、120、121
リバタリアニズム……20
利用可能性ヒューリスティック……180、181
リンダ問題……182
レオンチェフ型……90
レバレッジ……210、211

■ 英数字

CSR……156、157
FinTech……202
IDeCo(イデコ)……207
IKEA効果……115
IPOバブル……182、183
IR活動……156
ITバブル……182
SRI……157
stickK……51
S字……95、120、121
WtA……112
WtP……112
1月効果……198
20%ルール……32
2段階ギャンブル実験……209
.comバブル……185

出来高払い……………………… 56、62
テクニカル分析 ………… 174、175、188
デフォルト …………………… 126、127
天気と株価の関係……………………… 200
動機…………………… 52～54、138、139
投資信託………………………………… 160
同調的な人…………………………… 148、168
(エイモス・)トゥバスキー …… 78、94、100、110、186
独裁者ゲーム………………… 134～136
土地神話………………………………… 184
取引費用………………………………… 194

■ な行

内発的動機………………………… 52～54
内発的動機のクラウディングアウト 152
ナッジ…………… 20、21、24、26、35、36、130、188、204、205
夏休みの宿題 ………… 27、44～48、74
難平……………………………………… 193
日経225裁定取引 ……………………… 176
日経平均株価……176、178、179、198、199
日経平均株価連騰日数記録………… 178
日経平均株価続落日数記録………… 179
日本版401(k) ……………………… 206
認知心理学………………………………… 94
認知能力………………………………… 162
認知バイアス …………………………… 142
年金資産………………………………… 206
納税率…………………………………… 132
(マイケル・)ノートン ……………… 128
ノーベル経済学賞 …… 19、78、79、113

■ は行

バーンアウト ………………… 154、155
倍倍ゲーム………… 80、81、84、85、90
ハウスマネー効果 …… 104、208～211
ハエのシール ………………… 20、21
ハズレなし ……………………… 98、99
パターナリズム ……………………… 21
働き方改革……………………………… 74
罰金……………………… 37、50、55、209
罰ゲーム……………………………… 50、102
バブル …………173、182、184、199、201
払戻金………………………… 212～214
パラドックス ……………67、84、93、94
ピア効果 ……………………… 60、61
ビール……………………………… 88、89
東日本大震災………………… 164、165
非競争的な教育………………… 166、167
非金銭的インセンティブ ……… 52、53
美人投票…………………………… 184、185
ビットコイン ………………… 177、203
肥満……………………………………… 45
ヒューリスティック … 94、180、182、188
ファンダメンタル分析 …………… 175
フィボナッチ比率 ………………… 189
フィボナッチ・リトレースメント … 188、189
(グスタフ・)フェヒナー ……… 86～88
不確実な状況…………… 78、79、118、119
含み益……………………… 190、192、193
含み損……………………… 190、192、193
物理量……………………………… 86～88
負の互恵性………… 56、144、158、159
不平等回避……………………… 146、147
(ローランド・)フライヤー ……… 30、31
ブラックマンデー ………………… 198
ブレークイーブン効果 … 208、210、211
フレーミング ………………… 110、111
プロジェクションバイアス … 116、117
プロスペクト理論 78、79、94、95、102、118、120、121、192～194、214
ブロックチェーン …………… 202、203
ペアトレード ………………………… 177

死別……69
締め切り……36、37、48、50、74
社会規範……148
社会心理学……140
社会的距離……140
社会的責任投資……157
社会的割引……140
社会比較ナッジ……130、132、133
社会保障制度……117
借金……45
シャムウェイ……210
囚人のジレンマ……24
囚人のジレンマゲーム……24、25
主観確率……94、95、100、101、172、173
主観的経験……86、88
主観的幸福度……64、65
主観的満足度……64
朱に交われば赤くなる……60
順位トーナメント……58、59
純金融資産……163
純粋な利他性……139、154
純粋に利他的……125、149、168
順応仮説……68、69
勝者総取りトーナメント……58、59
衝動買い……23
将来バイアス……40、41
初期設定……126
所得……66～68、70、72、107
所得格差……146
(エリック・)ジョンソン……209
親近感バイアス……181
人工知能……202
心理学……86
スケジューリング……29
ストループ課題……94、95
ストレス……128、155、164
スネークバイト効果……208、209
税金未納者……132
生産性……37、55、57、58、60、62、63、72、73
精神物理学……86
税制優遇措置……142、143
正の互恵性……56、158、159
(リチャード・)セイラー……19、20、113、209
セール……104
絶対所得……70、107
節電行動……132
臓器提供……126、127
臓器提供件数……126
双曲割引……42、43、204
相対所得……107
相対所得仮説……70、71
相対評価……132
相場格言……194、195、197
贈与交換……56
ソーシャルゲーム……82、122
外集団バイアス……140
損切り……191、193、194、197、216
損失回避……30、95、104、112、116、120、127
損失回避性……204
損失局面……102、120、121
損するくじ……102、103

■ た行

ダイエット……39、49、133
退職貯蓄制度……204
代表性ヒューリスティック……182、183
宝くじ……82
タバコ……49、50
(エリザベス・)ダン……128
単純(ナイーブ)……46～48
中央値……39
長時間労働……74
貯蓄制度……204
筒井義郎……66

客観確率…… 95、100、101
ギャンブラーの誤謬…… 178、179、215
ギャンブル……45、104、164、208～212
協調性…… 156
禁煙…… 50
金銭的インセンティブ…… 52～54、56
金銭的な報酬…… 152
(マイルズ・)キンボール…… 68
金利…… 38、39
グーグル…… 32、33、52
(ジャック・)クネッチ…… 114
(アンドリュー・)クラーク…… 69
グラウドファンディング…… 168
グループ学習…… 166、167
クレジットカード…… 49
群集心理による横並び行動…… 184
経済成長…… 66
ケインズ…… 184、185
ゲーム理論…… 88
結婚…… 65、68、69、116
月曜効果…… 198
限界効用…… 89
限界効用逓減…… 88、118
現在バイアス… 40～42、44、45、162、163
現状維持バイアス… 116、117、127、204
賢明(ソフィスティケート)…… 46、47
コイントス…… 178、179
後悔回避…… 194
向社会的…… 157
行動バイアス…172、180、190、211、215
行動ファイナンス…… 172、173
高度経済成長…… 66
幸福度……64～72、94、128、129
幸福のパラドックス…… 66、70、73
効用…… 64、88～91、94、106、119、138
効用関数…… 89、90、94、95、118～120
効率的市場仮説…174、175、178、190、196
合理的経済人…… 22～24、145
合理的な投資家…… 202
互恵性…… 56、158、166、167
互恵的…… 168
個人型確定拠出年金…… 207
固定給…… 56
コバル…… 210
コブ=ダグラス型…… 90
コミット…… 48
コミットメント…… 36、37、47～51
コミットメントデバイス…… 36、74
暦効果…… 198
怖がりの人…… 160、161

■ さ行

最後通牒ゲーム…… 144、145
財政赤字…… 117
催促メール…… 132
裁定取引…… 176、177
先延ばし……34～36、38、48、52
サンクトペテルブルク…… 85
サンクトペテルブルクのパラドックス 79、84、94
参照点… 95、106～110、112、120、121、193
(キャス・)サンスティーン…… 20
塩漬け…… 192
時間整合…… 42、43、45～47
時間非整合…… 40、41、43、45～49、74
時間割引率… 38、39、42、44、72、172、173
シグナリング…… 148
自信過少…… 195
自信過剰…… 194、195、210
指数割引…… 42、43
持続可能性…… 156
失業…… 68、69
実行意図…… 34、74
実質GDP…… 67

索引

■ あ行

アジア病 …… 110
アノマリー …… 172、197〜199
(ダン・)アリエリー …… 36、108、115
(モーリス・)アレ …… 79、92、93
アレのパラドックス … 79、92〜94、99
アンカリング …… 187、189
アンカリング効果 …… 186〜188
アンダーマイニング効果 …… 54
池田新介 …… 44
移植希望登録者数 …… 126
依頼のプレッシャー …… 150
インサイダー取引 …… 175
飲酒 …… 44
インセンティブ …… 52、53、58
インフルエンザ …… 34、35
(エルンスト・)ウェーバー …… 87
ウェーバー・フェヒナーの法則 … 86、87
上に凸 …… 118
ウォームグロー …… 138、139
内集団バイアス …… 140、141
エクイティプレミアムパズル …… 206
大穴バイアス …… 212、215
大穴馬券 …… 212〜215
怒りっぽい人 …… 160、161
おすすめ効果 …… 127
おとり効果 …… 108、109
オプト・アウト …… 127、205
オプト・イン …… 127、205
温度(不快指数)の効果 …… 201

■ か行

カードゲーム …… 114、115
(ダニエル・)カーネマン …… 78、79、94、100、104、110、111、113、114、186
外発的動機 …… 52〜54
確実性効果 …… 98〜100、102、122
確定給付年金 …… 204
確定拠出年金 …… 204、206
確率加重関数 …… 100
過小反応 …… 196、197
価値関数 …… 94、95、120、121
学校教育 …… 166
可能性効果 …… 96、99、100
株価指数連動型投資信託 …… 216
株式分割バブル …… 182
上半期効果 …… 198
カレンダー効果 …… 198
看護師の利他性 …… 154
元本保証 …… 98
気温の効果 …… 200
企業の社会的責任 …… 156、157
危険愛好的 …… 102、103、119〜121、160、161、192、193、210、214
危険回避傾向 …… 164、165
危険回避性 …… 206
危険回避的 …… 102、103、118〜121、160、161、192、193
危険回避度 …… 172、173
危険中立的 …… 164、165
気質効果 …… 190〜194、196、197
基準点仮説 …… 68、69
期待効用 …… 79、90、91、94、118、119
期待効用理論 …… 90、92、94〜96、100、102、106、107、118、119
期待収益率 …… 203
期待値 …… 79、82〜84、90、94、96、119、122
喫煙 …… 44、60、61
寄付 …… 128、129、138、139、142、143、146、148〜152、154
寄付金控除 …… 142
寄付と幸福度の実験 …… 129

◯3章

大阪大学社会経済研究所（2010）『くらしの好みと満足度についてのアンケート』

大竹文雄（2019）『大竹文雄の経済脳を鍛える』日本経済研究センター

寄付白書発行研究会（2017）『寄付白書2017』日本ファンドレイジング協会

山本純子，佐々木周作（2016）『ぼくらがクラウドファンディングを使う理由：１２プロジェクトの舞台裏』学芸出版社

Allcott, H. (2011). Social norms and energy conservation. JPubE

Bonsang, E., & Dohmen, T. (2015). Risk attitude and cognitive aging. JEBO

Dohmen et al. (2009). Homo Reciprocans: Survey Evidence on Behavioral Outcomes. EJ

Eckel, C.C., & Grossman, P.J. (2003). Rebate versus matching: does how we subsidize charitable contributions matter? JPubE

Engel, C.C. (2011). Dictator games: A meta study. EE

Heyes, A. (2005). The economics of vocation or ‘why is a badly paid nurse a good nurse?’ JHE

◯4章

小幡績、太宰北斗（2015）『平均回帰の誤謬：競馬市場からの実証分析』行動経済学会第９回大会プロシーディングス

山口勝業（2016）『株式リスクプレミアムの時系列変動の推計』証券経済研究 第93号2016.3

ダニエル・カーネマン（2014）『ファスト＆スロー』早川書房

リチャード・セイラー、キャス・サンスティーン（2009）『実践 行動経済学』日経BP社

Coval, J. D., & Shumway, T. (2005). Do behavioral biases affect prices?. Journal of Finance.

※なお、本文中の人物名は編集の都合上、敬称を省略しております。

参考文献

○序章

Frank et al. (1993). Does studying economics inhibit cooperation?. J.E.perspectives

Yamagishi et al. (2014) .In Search of Homo economicus. Psychological Science.

○1章

イアン・エアーズ（2012）『ヤル気の科学』文藝春秋

ウリ・ニーズィー、ジョン・リスト（2014）『その問題、経済学で解決できます。』東洋経済新報社

黒川博文、佐々木周作、大竹文雄（2017）『長時間労働の特性と働き方改革の効果』、行動経済学

ミシェル・バデリー（2018）『エッセンシャル版 行動経済学』早川書房

Blanes i Vidal, J., & Nossol, M. (2011). Tournaments without prizes: Evidence from personnel records. MS.

Ifcher, J., & Zarghamee, H. (2011). Happiness and time preference: The effect of positive affect in a random-assignment experiment. AER.

Mas, A., & Moretti, E. (2009). Peers at work. AER.

Milkman et al. (2012). Following Through on Good Intentions: The Power of Planning Prompts. NBER.

Nakajima, R. (2007). Measuring peer effects on youth smoking behaviour. REStud.

Oswald, A. J.et al. (2015). Happiness and productivity. JLE.

Yamane, S., & Hayashi, R. (2015). Peer effects among swimmers. SJE.

○2章

Kahneman et al. (1990). Experimental Tests of the Endowment Effect and the Coase Theorem. JPE.

ダニエル・カーネマン（2014）『ファスト＆スロー』早川書房

ダン・アリエリー（2008）『予想どおりに不合理 行動経済学が明かす「あなたがそれを選ぶわけ」』早川書房

リチャード・セイラー、キャス・サンスティーン（2009）「実践 行動経済学」日経BP社

著者

序章・2章　山根承子（やまね・しょうこ　YAMANE Shoko）

近畿大学経済学部准教授。大阪大学大学院経済学研究科博士後期課程単位取得満期退学（博士（経済学））。共著に『行動経済学』（ナツメ社）、『行動経済学入門』（東洋経済新報社）などがある。

1章　黒川博文（くろかわ・ひろふみ　KUROKAWA Hirofumi）

同志社大学政策学部研究員。日本学術振興会特別研究員（PD）。大阪大学大学院経済学研究科博士後期課程修了（博士（経済学））。

3章　佐々木周作（ささき・しゅうさく　SASAKI Shusaku）

京都大学大学院経済学研究科特定講師。大阪大学大学院経済学研究科博士後期課程修了（博士（経済学））。執筆に『医療現場の行動経済学：すれ違う医者と患者』（東洋経済新報社）などがある。

4章　高阪勇毅（こうさか・ゆうき　KOHSAKA Youki）

福山大学経済学部経済学科講師。大阪大学大学院経済学研究科博士後期課程単位取得満期退学（博士（経済学））。

スタッフ

編集協力／株式会社クリエイティブ・スイート
デザイン／小河原德（c-s）
漫画・イラスト／にしかわたく
校正／株式会社鷗来堂
編集担当／ナツメ出版企画株式会社（森田 直）

本書に関するお問い合わせは、書名・発行日・該当ページを明記の上、下記のいずれかの方法にてお送りください。電話でのお問い合わせはお受けしておりません。

・ナツメ社webサイトの問い合わせフォーム
　https://www.natsume.co.jp/contact
・FAX（03-3291-1305）
・郵送（下記、ナツメ出版企画株式会社宛て）

なお、回答までに日にちをいただく場合があります。正誤のお問い合わせ以外の書籍内容に関する解説・個別の相談は行っておりません。あらかじめご了承ください。

今日《きょう》から使《つか》える行動経済学《こうどうけいざいがく》

2019年 4月 1日　初版発行
2021年12月 1日　第5刷発行

著　者　山根承子《やまねしょうこ》
　　　　黒川博文《くろかわひろふみ》
　　　　佐々木周作《ささきしゅうさく》
　　　　高阪勇毅《こうさかゆうき》

発行者　田村正隆

発行所　株式会社ナツメ社
　　　　東京都千代田区神田神保町 1-52 ナツメ社ビル 1F（〒101-0051）
　　　　電話　03（3291）1257（代表）　FAX　03（3291）5761
　　　　振替　00130-1-58661
制　作　ナツメ出版企画株式会社
　　　　東京都千代田区神田神保町 1-52 ナツメ社ビル 3F（〒101-0051）
　　　　電話　03（3295）3921（代表）
印刷所　ラン印刷社

ISBN978-4-8163-6610-9　Printed in Japan